読むだけで
「見えない世界」とつながる本

●

K

JN148465

サンマーク
文庫

プロローグ　「見えない世界」とつながればいいことが起こる

あなたはもう……つながっている！

この本を手にとってくれてセンキュー！

偶然手にとったと思っているだろうけど、じつはこの本を手にとることは、**あなたの守護霊に仕組まれていたのである。**

そう、この本を手にとったあなたは、もう「見えない世界」とつながりはじめているのだ。

みなさん、こんにちは。作者の「K」である。
わかりやすいロッカーに描いてもらってるけど、本当はこんな姿じゃないのだ(笑)

俺は、ブログ「- Arcadia Rose -」で「見えない世界」について書いているK《けい》（正

式には「　Ｋ　」と表記する）である。

日夜、修行に励んでいるヘビメタ好きロッカーなのだ。

ヘビメタ好きロッカーというと、怖いとかワルという印象がある方もいるかもしれないが、じょーだんが好きな、いたって普通の自称・地球人である。

ブログでは、俺の守護霊たちからの依頼のもとに、霊的次元の情報や、この地球や人類の進化のための新たな視点などを発信している。


はじめに、どうしてもあなたに伝えておきたいことがある。

この世は、俺たちが目で見ている世界だけではないのである。

守護霊、天使、異星人、妖精、女神たち……といった目に見えないけど、俺たちを見守ってくれている存在がいるのだ。

さらに、やつら（俺は守護霊や天使たちのことを、親しみを込めてこう呼んでいる）との**交流や会話はコツをつかめば誰にでもできる**のである。


「え！　自分にもそんなことができるのかな!?」

こうお思いになる方もいるかもしれないが、断言しておこう。

できる！　**はっきりいってできない人は、ひとりもいない。**

実際に俺のブログの読者の方々も、メッセージを受け取る方がどんどん増えてきている。

守護霊たちと会話をするということは、一部の選ばれた霊力のある人しかできないかというと、まったくそうではない。

その「考え」と「意識」を変えてみよう。

パターンがわかれば誰でも守護霊と話せる

もちろん、話せる、会話できるといっても、人と人同士の会話とは違う。

1章でもくわしくお話しするが、**「ひらめき」や「シンクロニシティ」（意味のある偶然の一致）によっての会話になる。**

これらを使い守護霊たちは、「ある一定のパターン化された方法」で、あなたにメッセージを送ってくる。

だからまず、守護霊たちのメッセージには、どんなパターンがあるのかを知ること。そして、その解読の仕方を知っていく。

すると、あなたも守護霊たちからのメッセージに必ず気づけるようになる。


さらに本当のことをいうと、あなたも**自覚していないだけで、じつは、守護霊たちとの交流や会話をすでにやっている**のだ。

ただ、自分が守護霊や天使と会話しているという意識がないだけなのである。

そして……**見えない存在たちは、この事実を多くの方々に知ってもらいたい**と、思っている。


実際、俺の守護霊たちは、「この事実を多くの方々に知らせるために本を書いてください」と俺に依頼してきたので、俺はこの本を書いているわけである。

あなたも、自分では気づいていないだけで、すでに守護霊たちと交流や会話をしていたという真実を、この本を読みすすめていただければ、はっきりと理解いただけることだろう。

小さな奇跡が起こる！　毎日が楽しくなる！

守護霊たちからのメッセージに気づき、さらにはそれを意識的に受け取るようになると、今度はそれを自分の人生や毎日の生活に、たのしくいかしていくこともできるようになる。

たとえば、**小さな奇跡を体験できたり、必要な情報やもの、そして出会いに導かれたり、人生の課題がスムースに解決できたり、といったことが起こる。**

この本では、守護霊や天使といった、見えない存在からメッセージを受け取るコツや、たくさんのメッセージが送られてくるパターンを実例をもとにお伝えしてゆく。

だから、**この本を読むだけで、守護霊からのメッセージに自然とたくさん気づけ**

るようになるだろう。

読み終わったころには、きっと守護霊たちとの会話の方法がご理解いただけているはずである。

これから、たのしみに読みすすめていただきたい。

それでは、あなたを驚愕《きょうがく》の！「霊的真実の世界」へご招待しよう！

ここまで読んだあなた！
あなたはもう
つながっている！
おめー誰だ？

もくじ

読むだけで「見えない世界」とつながる本　もくじ

2章 衝撃！ しあわせを呼ぶ「霊的覚醒」のススメ

3章 実録！ 読むほどに、シンクロニシティが起こる理由

4章　真相！「目に見えない存在」とはどんなやつらなのか？

5章 実相！「見えないもの」を見ようとする生き方

イラスト　土屋和泉
校閲　株式会社ぷれす
114ページイラスト提供　アフロ
編集　金子尚美（サンマーク出版）
佐藤理恵（サンマーク出版）

1章

驚愕！
誰でも守護霊と話せる

守護霊と遭遇したとき、何が起こったか？

俺が、実際に俺の守護霊と遭遇したときのことをお伝えしておこう。

これからお話しすることは、あなたも今後この本を読んで「霊的覚醒」がすすむと、**実際に起こりうる出来事なのである。**

霊的覚醒とは、くわしくは2章でお話しするが、カンタンにいうと魂が本来の姿、「愛と調和」の状態にすすみ、**あなた自身の周波数が美しく整っていく**こと。

あなたの、その「来るべき日」のための参考にしていただきたい。

あるとき、俺は部屋で眠っていたら、自分の身体から抜け出した。

いわゆる、体外離脱である。

おめーは
よく知っているだろ!
きゃ〜
う、浮いている!

そしてそのときに、俺は自分の守護霊と遭遇した。

それは、仕事を辞め、ロックをやるために上京した数年後のことだった。

その日の夕方ごろ、俺は部屋へ帰ってくると、とりあえず床の上にゴロンと横たわった。そしたら、いつの間にかついついそのまま眠ってしまった。

どれくらい時間が経《た》ったのだろうか、しばらくしてふと目が覚めた。

しかし、何やらいつもと様子が違う……。

「ん？　何……これ？」

気がつくと部屋の中でなんと、俺の身体が空中に浮いていた！

そして、さらにゆっくりとゆっくりと天井に向かい、俺の身体が上昇していたのだ。

「ああこれか……これが、体外離脱か……」

俺は自分の身体から抜け出して「霊体」の状態になり、部屋の床の上1メートルあたりのところに浮いていた。

もちろん、これは俺にとって初めての出来事であったが、さすがにこの状況からして、自分の置かれた状況が体外離脱だとすぐに把握できた。


そして、体外離脱しながら眺める景色はというと、**周りの景色はいつもと同じ俺の部屋なのだが、どことなく色合いが少し違っていた。**

カラーといえばカラーなのだが、どことなくセピア色というか、なんとなく部屋全体が半透明というか……**色のトーンが薄いように感じた。**

音に関してはあまり覚えていないのだが、「静かな空間」のイメージだった。

もともと俺の部屋は静かな環境だったので、さほど違いは感じなかったのだろう。


「ああ、どんどん上に向かっているなあ……さて、どうしようか」

こんなことを感じたとき、俺はもうひとつの異変に気がついた。

俺の部屋のその空間に、「俺の他に誰かがいる！」ことに気がついたのだ。

何やら気配を感じるその方向を見ると……。

そこに「金色に輝く謎の存在」が浮かんでいた！

浮かんでいる俺の左上のあたりに、その存在が空中に浮かんで立っていたのである。

その存在は、全身が金色っぽく輝いていた。

そのため、顔とか細かい部分は光であまりよく見えなかった。

まさに、よくお寺とかにある金色の観音菩薩《ぼさつ》像や仏像のようだった。

観音菩薩像や仏像も、昔、誰かがこのときの俺のように体外離脱したときに「金色に輝く存在」と遭遇し、それを再現したものだったのだな……。あとからそう感じた。

この存在は、守護霊といわれている存在だと感じた。

その存在は俺に「何か大切なことを教えてくれている」様子であった。

しかし、何を教えてくれているのかは、このときの俺にはわからなかった。

でもなんとなく、身体から抜け出す方法を伝えようとしてくれているような感じがした。

俺の身体はそのままス———ッとゆっくり上昇しつづけていた。

俺は天井を向いていたので自分の下は見えないはずだった。

しかし、なぜか自分の物質的な身体が下にあるということが感覚的にわかっていた。

つまり、体外離脱をしている最中は、**「目でものを見る」**のではなく**「心の目で感じてものを見る」といったような感覚**であった。

「どうしようか？　もーちょっと上まで行ってみようかな？」

「下へ戻ってみようか」とも思ったが、「このまま上昇したら天井を突き抜けられるのかな？」とか、なにげに思っていた。

そして「せっかくだから、もっと上に行ってみよう」と決めたとたん、思ってもいないことが起きた。

「あれっ!?」

上に行こうと考えたとたんに、あれよ、あれよという間に、逆にどんどんと下へ引っ張られていった。

つまり床にある物質の身体のほうへ引っ張られていったのである。

「あ！　しまった、間違えた！」

「金色に光る存在」が教えてくれたのだろうか。

俺は、上へ行くやり方を間違えたのだと直感的にわかった。

上に行くには、**頭で考えるのではなく、心、つまりイメージで感じるのが正しいやり方**だったのだ。

ところが俺は頭で「上へ行こう」と思考してしまった。

思考したとたんに、床の上にあった俺の物質としての身体にある頭の回路にスイッチが入ってしまったのを感じた。

そして、霊体である俺が、物質の俺に引っ張られていってしまった。

俺はどんどんと下へ引っ張られ、ス――ッと自分の身体へ戻った。

目覚めたときの不思議な感覚

身体から抜け出して上昇しているときの姿勢だが、ちょっと面白かった。

なぜか両腕を天井に向けてのばしていた。

ウルトラマンが「空飛ぶぞ！」みたいに。

身体に戻るまでは霊体の腕を上にのばしていたのだが、物質的な身体に戻ると同時に、床に平行になっている物質の腕にス――ッと重なり、とけ込むように入っていき同化した。


身体に入る瞬間まで、目の前で見えていた霊体の腕がス――ッと物質の身体の腕と重なり混ざるような感じで同化してゆくのである。

同化すると、目の前にのばしていた**霊体の腕の感覚が、床の上にあった肉体の腕**

の感覚にスイッチが切り替わるように感じた。

霊体の自分が、物質的な身体にフェードインする感じで入っていく。

そして、霊体から物質的な身体へと起動のための「メインスイッチ」が切り替わるのである。

俺はゆっくりと目を開けた。

そして、いつもの使い慣れた、物質的な腕などの身体の感覚が作動しはじめた。

「あ、俺の腕はこっちが本物か……いや、じつはあっちが本物か？」

身体に戻ると自然と目が開いたわけだが、この場合の目が開いたとは、**通常の睡眠から目が覚めたのとはちょっと違う。**

なぜなら、身体から抜け出していたときも、物質的な身体に入って目を開けたときも、意識は「ずっと起きていたままだった」からである。

体外離脱の最中に浮遊しながら、まず1回目が覚めて、そして、そのあと物質的な身体に戻ったときに、すでに意識は起きているのに、さらにもう一度目が覚めたのである。

だから、目が開いても「起きた」という感覚ではない。

この感覚を表現するには、**「起きた」という よりも、むしろこちらの世界に「戻ってきた」という感覚のほうが近い。**

このちょっと不思議で妙な感覚こそが「通常の睡眠から目覚めたとき」と「体外離脱から戻り目覚めたとき」との違いである。

自分の物質的な身体に戻り、目を開いて部屋の天井を見上げながら「ああ……戻ってきたなあ、俺」と感じた。

これが俺の驚愕《きょうがく》の「体外離脱」と「守護霊との遭遇」の一部始終である。

至福の体験？ っんなわけねー

体外離脱、そして守護霊との遭遇という、これだけの驚くべき体験から帰還した俺だが、この体験に対する俺の感想はというと……。

この世のものとは思えない全宇宙の至福の光に包まれ、俺のハートからは愛のエネルギーが無限にあふれ出すのを感じた……

と、思いきや……**じつはまったく違っていた！**

たしかに、かなり貴重な体験だったわけだが、少しだけ「おっ」と思ったが、じつは意外と落ち着いていて、**「あ……普通」といったじつに地味な感想であった。**

これは、いったいなぜだろうか？

Kさん、どうだったんですか？感想は!?
え……なんていうか、普通。
ほら！宇宙との一体感を感じたとかよくいうでしょ!?

じつはここに隠された真実がある。
あなたは、どんなときに「普通」だと感じるだろうか？
そこに、ヒントがある。
人は自分が以前に何度も体験していることに関しては「普通」だと感じる。
つまり、体外離脱は、じつは誰もがすでに体験していることなのである。
「えぇっ！　私も体外離脱したことあるの!?」と、お思いのあなた。
そうである！　あなたも確実に体外離脱をすでに体験しているのである。
あなたも物質的な身体のない霊体の状態で浮遊していたのである。
あなたが生まれてくる前のことをイメージ、もしくは思い出していただきたい。
そもそも、この地球に生まれてくる前の状態は誰もが、物質的な身体をもってい

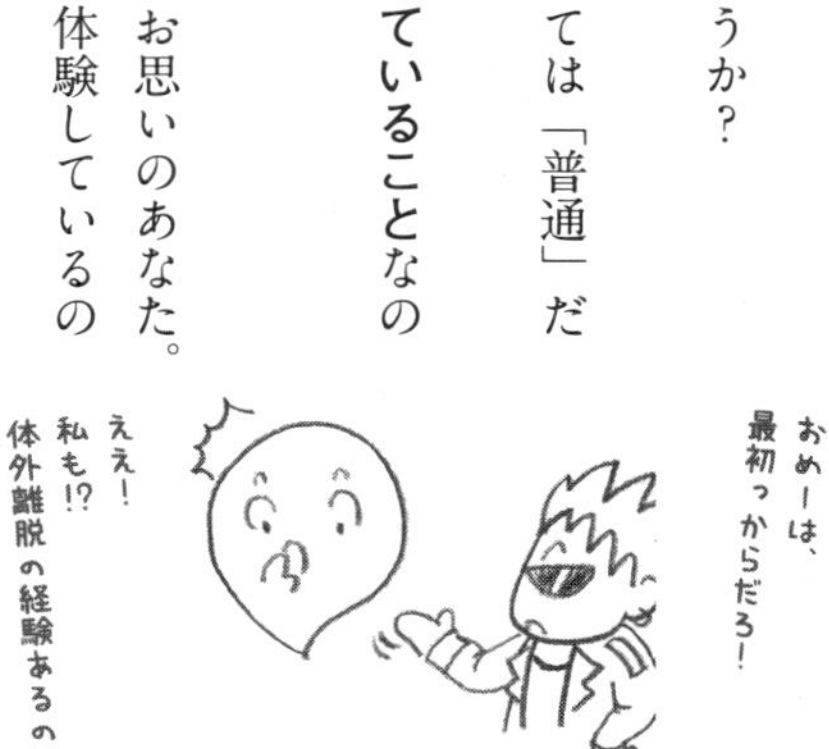

ない状態である。

あなたも、**生まれてくる前には、いわゆる「身体のない霊的な存在」の状態で空中に浮かんでいた**のである。

そして、あなたは「あなた自身が選んだお母さん」のお腹《なか》の中の胎児にス――ッと入っていった。そうして、この世に誕生してきたのである。


つまり、**あなたも生まれてくる前は、もともと体外離脱状態だった。**

だから、先ほどの俺の体外離脱体験も、生まれてくる前にやっていたことと同じことだったので、さほど大きな驚きもなかったわけである。

だから、あなたが体外離脱を体験しても、「あれ？　思ったより普通だな」と感じることだろう。


しかし「隠された真実」は、それだけではない！

じつは、**生まれたあとも、何度も体外離脱をしている。**

しかも、**あなたも自分の守護霊と、何度も会っているのである！**

にわかに信じがたい真実かもしれないが、このこともくわしく解説していくので、この先を読みすすめていただければ、はっきりとご理解いただけることだろう。

この体外離脱、そして守護霊との遭遇を体験して、俺の霊的覚醒の道がよりはっきりと見えてきた。

そして、それはさらに展開されていった。

この本に書かれていることは紛れもない事実であり、俺の身に実際に起こった驚愕の不思議な体験の数々と、やつら守護霊たちからのメッセージである。

守護霊って結局、何!?

いままで俺の守護霊との遭遇の話をしてきたが、「結局、守護霊ってなんなの!?」とお思いの方もいるだろう。

そこで、これから「守護霊」についてくわしくお話ししていこう。

守護霊とは目には見えない霊的な存在で、いつ何時も、あなたを守り導いている存在のことである。

守護霊がいない人はいない。

誰にでも守護霊はついている。

ときどき、「私にも守護霊はいますか？」といった質問を受けるが、安心していただきたい。

あなたにも、必ず守護霊はいる。

しかも、たくさんの守護霊たちがあなたをサポートしてくれている。

これが真実である。

ただ「守護霊」とひとくくりにしがちだが、俺が実際に遭遇したり、サポートを受けたりしている**見えない存**

在たちは、天使、異星人、妖精、女神、そして、先にあの世へ還《かえ》った身内など、さまざまな立場の存在たちがいる。

そして、**人間ひとりに対して守護霊がひとりついているというわけではない。**状況によっては、たくさんのいろいろな見えない存在たちが守護してくれるわけである。

それと同時に、あなたが生まれる前からあなたをサポートしてくれている、とくに**仲のよいメインの守護霊**というのも存在している。

また、あなたが「愛と調和」のもとに、「本当の自分を生き、生まれてきた使命を果たしたい」とか「地球や自然によいことをしていきたい」といった願いをもつようになると、多くの見えない存在たちが集まってきて、あなたを守護するようになる。

そして、守護霊団、つまり守護霊たちの集団というものがあるのだが、その集団がまるごとあなたをサポートする場合もある。

また、たとえば**俺とあなたの守護霊同士が協力し合って、俺とあなたを同時にサ**

ポートしてくれるなどといった「守護霊同士の連携」といったケースもある。

守護霊の主な役割として、あなたの人生における「進化」「成長」「霊的覚醒」のサポートをしてくれている。

あなたはこの地球に生まれてくる前に霊的世界で、あなた自身の魂の成長のために、「今度生まれたら、自分のこの性格をクリアしよう」とか「こういう仕事に就いて人々に『愛と調和』をもたらそう」などといった、明確な目的や使命をもって生まれてきている。

守護霊たちは、これをサポートしてくれているわけである。

そして、あなたは守護霊たちと協力して人生の課題をクリアしていくと、その結果として、

- **小さな奇跡が起きた**
- **ステキな出会いに恵まれた**

- **心からやりがいを感じる仕事に恵まれた**
- **神秘的でとてもステキな出来事を体験できた**

といった、たくさんの喜びやしあわせをあなたの人生の中で体験していくわけである。

守護霊たちは、あなたにその存在に気づいてもらいたいと願っている。

さらに、**守護霊たちは、あなたと会話する日をたのしみにしてくれているのである。**

どっちが偉いとかはない！　友人のような関係

一般的に守護霊というと、どことなくちょっと偉い人といったイメージをもたれる方もいるかと思う。

しかし、**守護霊とあなたには、じつは上下関係はない。**

守護霊たちは、あなたと**友人同士のような、対等なパートナーとしての協力関係を望んでいる。**

実際、**俺と俺の守護霊の関係では、明らかに俺のほうの態度がデカイ！**

たいていは俺が文句を言って、そんな俺に対して、守護霊がうまく対処してくれている。

ちゃんと守護しろよ、てめー！
対等つってんだろー！

ちなみに、俺は自分の守護霊たちのことを「おまえ」「おめー」「やつら」などと呼んでいる。

俺の意見と守護霊の意見が違うこともあり、ときにはけんかもする。

「守護霊さま」などと呼ぶ必要はまったくないのである。

「え！　そんなふうに接してしまって本当にいいの？」と思われる方もいるかもしれないが、じつはそれくらいのほうがいいのである。

実際、俺の守護霊たちも、俺のこの接し方をとても喜んでくれている。

じつはこれには、とても大切な理由がある。

守護霊たちの役割は、あなたを「進化」「成長」「霊的覚醒」へ導くことであって、けっしてあなたの問題を即座に解決してくれたり、あなたの願望を無条件でかなえてくれたりする存在ではない。

守護霊たちは、どうしたら、あなたがよりよく「進化」「成長」「霊的覚醒」できるのかを知っている。

あなたが、よりよく「成長」していくためには、自分の人生の課題を、**あなたが自分自身でしっかり考え、自分自身でクリアしていくことが必要**なのである。

人生は自分自身の足で歩いてゆくことが大切なのである。

かりに、守護霊とあなたに上下関係が発生すると、あなたが守護霊に対して言いたいことを言いづらくなったり、依存心をもちやすくなったりする。

だから、守護霊たちは対等になってもらいたいのだ。

守護霊は、自分でがんばって一歩一歩前進しているときに、そっと後ろから背中を押してくれる感じのサポートをしてくれる。

つまり、**自分で前向きに努力していると、そっとヒントや必要な情報、ものを届けてくれる**わけである。

自ら努力をせずに依存心から頼るときは、むしろ助けてはくれない！

だから、一方的に頼ってしまうのはよろしくない。

受け取ったメッセージを鵜呑《うの》みにするのではなく、自分でもしっかり吟味し考えることが大切である。

つまり、守護霊と協力し合ったり、話し合ったりするような接し方が理想的である。

そして、これだけは何があってもしっかり覚えておいていただきたい。

守護霊たちは、**あなたがうれしいときには共に喜び、あなたがつらいときには、懸命に励まし、あなたに愛を送りつづけてくれている。**

そして、あなたが人生の課題をクリアするためのアドバイスを、何度も何度も語りかけてくれている。あなたが、やつらの声に気がついていなくてもである。

守護霊たちは絶対にあなたを見捨てない。

何があっても、絶対にあなたのしあわせをあきらめない。

あなたは守護霊たちに、どこまでも深く愛されているのである。

これが真実である。これだけは、しっかりと覚えておいていただきたい。

守護霊はあなたにとって、最大の理解者であり、この地球で生きて「進化」「成長」「霊的覚醒」していく上での、最高の友達でもあり、最高のパートナーなのである。

衝撃！ これが「霊会話」だった

ではその守護霊たちとの会話、すなわち「霊会話」とはいったいどのように行われるのだろうか？

じつは、あなたをサポートする、守護霊たちは、**直接、あなたの頭の中や心の内側に話しかけてくる。**

何か考え事をしているときに、自分の内側から考えが浮かんでくることがあると思うが、守護霊たちからのメッセージもそれと同じ感覚なのである。

もちろん、**自分自身で頭に考えが浮かぶこともあるわけだが、じつはそれが守護霊や、天使たちの声であることが多い。**

守護霊たちとの会話を意識しはじめたばかりのころは、自分自身で考えているのと区別がつきづらいかもしれない。

しかし、そのうち一言とか二言と長くはないが、的を射たアドバイスがやってくる。

また守護霊たちの会話に慣れてくると、長い文章でのメッセージも受け取れるようになる。

眠くなるまで
演奏してしまえー！
それがロッカーだろ？
そろそろブログも
更新しようね♥
みんな待っているよ。

よくマンガや映画などで自分の頭の中で、「天使と悪魔の声が聞こえてきて会話をする……」なんてシーンを見たことがあると思う。

実際に、そのシーンのように天使や守護霊との会話はなされるのである。

また、あなたも口から勝手に出てくる「独り言」や、自分の頭に浮かぶ言葉に「ひとりツッコミ」をすることも、たまにあるのではないだろうか？

これも、じつは守護霊たちからのメッセージや、守護霊たちとの会話なのだ。

「あ！　それなら経験ある」という方は、多いだろう。
この自分の内側に浮かぶ声と会話をしていくことが、守護霊たちとの会話、つまり「霊会話」に発展していく。

それではここで、守護霊たちとのコミュニケーションがどのように行われるのかをくわしく解説していこう。

守護霊たちは、いろいろな場面で語りかけてくるわけだが、主に**あなたが直面している問題や出来事に対するヒントやアドバイス**の場合が多い。
たとえば、あなたが、「何かができなくて困っているとき」に、ふとひらめいて「ああ、こうやればいいかも」と、よいアイデアが頭に浮かんだとする。
こういったことは、あなたも体験したことがあるだろう。

あなた　「う～ん、できない！　困ったなあ」
ひらめき（こうやってみたらどうだろうか？）
あなた　「ああ、これならできそうだ！」

このようなことは日常的によくあることである。
もちろん、そのときひらめいたアイデアは、あなた自身が思いついたものかもしれない。
しかし、そのひらめきが、守護霊たちからのアドバイスであるケースがかなり多いのである。つまりこうなる。

あなた「う〜ん、できない！　困ったなあ」
守護霊「こうやってみたらどうだろうか？」
あなた「ああ、これならできそうだ！」

このように、**ひらめきだと思っていた声が、守護霊の声となる。**
じつは、多くのケースにおいて、これが真実なのである。ひらめきの多くは、守護霊たちからのアドバイスなのである。

はっきりいって、**これを知っているかどうかの差はデカイ。**

なぜなら、ここがわかってくると、さらなる守護霊たちとの会話にすすめるからだ。

守護霊からの返信に気づくようになる

ひらめいたアイデアが、自分のアイデアではなく、守護霊たちからのアドバイスだと知っているあなたは、次にどうするだろうか?

やはり、すばらしいアイデアをいただいたのであれば、普通に考えて「お礼を伝える」ということになるだろう。

なので、**自分の頭の中で「ありがとう」と守護霊にお礼を伝えてみていただきたい。**するど……。

あなた「う〜ん、できない! 困ったなあ」

守護霊「こうやってみたらどうだろうか?」

あなた「ああ、これならできそうだ！」
守護霊（あなたを見てくれている）
あなた「おおっ！　ありがとう！　守護霊よ！」

と、こんな会話の流れになる。

じつは、この**お礼を伝えるということが、想像以上に大切であり、霊会話の上達のコツ**なのである。


日常の人間関係においても、してもらったことに対してお礼を伝えるということは、その関係をさらによくする。

これは、お互いのエネルギーが調和をもって流れるからである。

そして、守護霊との会話においてもこれは同じで、守護霊にお礼を伝えると、あなたとあなたの守護霊の間にお互いのエネルギーが調和をもって流れ、守護霊との関係がよくなるのである。

このお礼を伝えることには、じつはさらなるいいことがある。

自分の内側に語りかけアドバイスをくれた守護霊に対して、あなたは自分の頭の中で「ありがとう」と、そっとお礼を伝える。

すると、なんと！　驚愕の出来事が起こる！

あなたのお礼に対して、守護霊たちが返事をしてくるのである！

あなた　「う〜ん、できない！　困ったなあ」
守護霊　「こうやってみたらどうだろうか？」
あなた　「ああ、これならできそうだ！」
守護霊　（あなたを見てくれている）
あなた　「おおっ！　ありがとう！　守護霊よ！」
守護霊　「いえいえ。ははは」

頭の中で「ありがとう」と伝えると、**「いえいいえ」とか**

ありがとう！
いやいや。
「礼(れい)」にはおよぶけど。
「霊(れい)」だけにね！
なんつってー。

「どう致しまして」みたいな返事が、あなたの頭の中に返ってくるのである。マジで。

これはもう絶対にやってみていただきたい。いや絶対にやればわかる。

「迷わず行けよ、行けばわかるさ」である。

もし聞こえづらかったら、目を閉じて心を静めて耳をすませていただきたい。

すると、守護霊たちからの声が聞こえやすくなるだろう。

もし**「聞こえた気がした」のであれば、その感覚を大切にしていただきたい。**

そして、聞こえた方も、またそうでない方も、守護霊へのお礼は、そのつど伝えていただきたい。

お礼を伝えていれば、守護霊との間にエネルギーはしっかり回っているので、そのうち、しっかりと声が聞こえるようになってくるのである。

迷わず行けよ、行けばわかるさ
いいねえ、似てる似てる!

ひらめきがどんどんやってくる

また、同じあなたの頭の中の声であっても、自分が考えている声と、守護霊たちの声とでは、それぞれエネルギーが違う。

慣れてくると、少しずつ自分の頭の中の声と守護霊の声との見分けがつくようになってくる。そしてさらには……。

あなた「う〜ん、できない！　困ったなあ」
守護霊「こうやってみたらどうだろうか？」
あなた「ああ、これならできそうだ！」
守護霊（あなたを見てくれている）
あなた「おおっ！　ありがとう！　守護霊よ！」
守護霊「いえいえ。ははは」

あっちの件はどう思う？
こっちすませてからのほうがいいんじゃね？

あなた「あと、あっちの件はどう思う？」
守護霊「こっちすませてからのほうがいいんじゃね？」

と、いった感じで、あなたから守護霊に問いかけたり、守護霊がそれに応じたりと霊会話が上達していくわけである。

これは一見すると、自分のひらめきと会話しているようにも見える。

つまり、霊会話が上達して、守護霊たちとの会話に慣れてくると、ひらめきがよくなり、いろいろとすばらしいアイデアが浮かぶようになるわけである。

しかし、このひらめきこそが守護霊の声なのである。

ひらめきが次々浮かぶということは、守護霊たちとの、会話のやりとりが次々と行われているということなのである。

こうした霊会話や守護霊たちにお礼を伝えることをしていくと、あなたと守護霊とのつながりが、しっかりしてくる。

そして、自分が守護霊と話している実感が出てくる。

すると、あなたの**霊的感覚つまり霊感が磨かれていき、シンクロニシティ（意味のある偶然の一致）など、いろいろな霊的なことに気づけるようにもなっていく。**

そして、さらには、あなたが「自分は本当に守護霊たちと会話をしている」と実感せざるをえないほどの出来事に気づけるようになっていく。

「財布を部屋に忘れているよ」

「もうじき出会いがあるよ（そして実現）」

または、

「明らかに自分の発想を超えたアイデア」

「寝過ごしてしまうところを起こしてもらえた」

といった守護霊からのメッセージを受け取るケースも出てくる。

もう、こうなってくると否定のしようがない。

あなたも明らかに、自分は守護霊と会話をしているのだと確信するようになるわけである。

エゴの声？ 守護霊の声？ 見分け方は「愛と調和」

「ひらめきは守護霊たちからのメッセージ」とお話ししたが、頭の中にはいろいろな声が浮かぶことがあるだろう。

「あ〜シュークリーム食べてえ」とか「サボっちゃおうかなあ」などなど。

これらの頭の中に浮かぶ声が、すべて守護霊からのメッセージなのかというと、そうではない。

頭の中に浮かぶ声としては、**普通に自分が思っていることと、守護霊たちからの声と、そして自分のエゴの声などもある。**

エゴの声とは、自分の都合ばかりで、人に対する優しさや、思いやりのない考え方の声のことである。

守護霊との会話をするには、自分の内側に響いてきた声を、この「エゴの声」か

「守護霊たちからの声」かを見分けることが大切である。

　守護霊たちの声を参考に行動を起こせば、課題が解決されたり、よいことがあるが、**エゴの声を参考に行動を起こすとロクなめにはあわない**ので、そこだけは、お気をつけいただきたい。

「自分のエゴの声」なのか、それとも「守護霊たちの声」なのかは、守護霊たちとの会話の経験を重ねれば、どんどん見分けることができるようになる。

　じつは、その見分け方にはいくつかポイントがある。

おっ！「サボっちゃおうかなあ」と頭に浮かんだ！やつからのメッセージに違いない！
言ってねーし。

　ここで、いくつかその見分け方のポイントをお話ししよう。

　まず、守護霊たちからのメッセージの最大の特徴は、その声が伝えてくる**内容は常に「愛と調和」へ向かうためのメッセージである**ということ。

「愛」の声というのは、優しさと芯の強さがあり、相手の立場に立った思いやりのある考え方。

自分自身を成長させるような、前向きで向上心のある考え方の声のことである。

そして、「調和」の声というのは、人から奪うことなく、むしろ**与えることによって、より多くの人がしあわせになるような考え方**の声のことである。

大切な決定をするときなどに、「愛と調和」の声かどうかは、これを基準にしっかり自分の心と相談して判断していただきたい。

あなたが、守護霊たちの声に気づくようになると、守護霊たちは気軽に話しかけてくる。

そして**守護霊たちの言葉には、「愛と調和」があり、じょーだんなども言ってくるので、それはあなたにとって、かなりたのしい体験となるだろう。**

また、守護霊たちは、あなたの「進化」「成長」「霊的覚醒」のために語りかけてくるので、ときには、ピリッと厳し

今晩12時までにブログ3本更新してね!
あーあー、聞こえない、聞こえない。聞きたくない。

いというか、めんどうくさくて、あまり聞きたくないアドバイスなども語りかけてくることがある。

しかし、こういうちょっと耳のいたいアドバイスほど、自分を成長させてくれたり、問題のクリアに役立ったりするのである。

とはいえ、あまりに突拍子もないことを言ってくることはめったにない。

多少むちゃぶりをしてくることはあるが、それはあなたの実力を見込んでのことであり、必ず可能な範囲でのことである。

「愛と調和」の範囲でのむちゃぶりなのである。

守護霊の声が聞こえないとき……

ここでもうひとつ大切なことをお伝えしておこう。

じつは、ある程度、**守護霊たちからの声に気づけるようになったあとでも、守護**

霊たちの声がなかなか聞こえづらいときがある。

それはいったいどんなときか？

それは、自分自身が守護霊たちの声に対して、シャッターをガラガラと閉めてしまっているときである。

そんなときには、せっかくの守護霊たちの声も、聞こえづらくなってしまう。

たとえば、

「誰かに対してハラを立てているとき」

「出来事の原因を自分ではなく、相手や環境のせいにしてしまっているとき」

こういったときには、守護霊たちの声が聞こえづらくなってしまう。

どうして、「愛と調和」の守護霊たちの声が聞こえづらくなってしまうのか？

理由はじつにカンタンなことである。

頭の中が「相手がわるいのだ」「自分には原因などない」といった、エゴの声でいっぱいになってしまっているからである。

だから、守護霊たちの声が聞こえなくなってしまっているのである。

ちなみに、頭の中がそのようなエゴの声でいっぱいになってしまっているとき守護霊は、

「おーーい、相手の立場に立って考え、自分の中に原因を探そうね」

「おーーい、『愛と調和』のいつものあなたに帰ってこいよ」

と、けなげにもその問題を解決できる、本当に大切なアドバイスをずっと送りつづけてくれているのである。

なんと！　これが、霊的真実なのである。

守護霊は絶対にあなたを見捨てることなく、何度も何度も、ずーっと、本人が気づくまで語りかけてくれている。

このことを知っておいていただきたい（これを知ると、ちょっと守護霊に申し訳なく思えるよな）。

守護霊たちとあなたは対等で協力関係にあるわけだから、**守護霊に対しても思いやりの気持ちを大切にしていただきたい。**

エゴの声で頭がいっぱいになっていても、守護霊たちは「お――い、お――い」と、声をかけつづけてくれている。

そんなけなげな守護霊たちに、「あまり心配かけてはいけないな」という気持ちも大切にしていただきたいわけである。

こういう優しさの気持ちをもつことは、守護霊たちのためだけではなく、じつはあなた自身をも正してくれる。

なお、自分がエゴの状態になってしまっているかどうかを、カンタンに見分ける方法がある。それはこれである。

エゴの状態になると、心に落ち着きがなくなり、普段の自分ではなくなる。

じつにカンタンである。

「あれ？　ちょっと自分ヘンだな」と思ったら、そこでいったん立ち止まり、深呼吸をして、真剣に守護霊たちの「愛と調和」の声を探してみよう。

そうすれば、必ずやつらの声、そしてアドバイスが聞こえてくるはずである。

眠っている間に「ある会議」に参加している

さて、ここであなたに重要なお知らせがある。

あなたは夜になると、当然布団に入り眠る。

じつは、**眠っているときあなたは意識または体外離脱の状態で「霊的な世界」に行っているの**である。

そして、そこであなたも**自分の守護霊たちと会って、「霊的会議」なる会議をしている。**

とくに、あなたにとって人生の転機や大きな意識の変化を引き起こすようなイベントを迎えるときに、この「霊的会議」は確実に行われる。

それではここで「霊的会議」の構造を説明しよう。

たとえば、あなたとあなたの友人Bが、ちょっとしたすれ違いから、けんかになってしまったとする。

こういった日常のいざこざには、じつは「霊的な深い意味」がある。

これらの出来事は、あなたや友人Bの魂の大きな学びや成長のために起こる。

そのため、とくに仲のよい友人や身内など、あなたにとって深い関係にある人たちは、そのけんかという出来事から、**あなたに重要なメッセージを届けるために、なんと「嫌われ役」をやってくれる場合もある**のだ。

たとえば、あなたがAさんに冷たい態度をとってしまっていたとする。

するとB友人は、あなたにその事実を知らせるために「あなたがAさんにやってしまっているのと、同じ冷たい態度」であなたに接してきてくれるのだ。

つまり、「あなたがAさんにやっている態度はこういう態度ですよ」という姿を、わざわざ「嫌われ役」をかって出て、あなたに〝鏡のように〟見せてくれるのである。


だからこのようないざこざがあったときには、ハラを立てる前に、

「まてよ……友人Bは、ひょっとして嫌われ役をしてくれているのかも？」

「友人Bやこの出来事は、自分に何に気づけと言っているのかな？」

「友人Bにされてイヤだったことを、自分も誰かにしてはいないかな？」


と、いう視点で冷静に考えてみることが大切である。

すると、「自分もAさんに同じことをしていた」とか「友人Bはそれを知らせるために、嫌われ役をしてくれていたんだ」という真実が、あなたにも見えてくる。

そして、その気づきから、あなたは「いけなかったな」と反省をして、Aさんに対する態度を改める。

すると、**あなたの魂は一段階成長して、あなたの霊的周波数がまたひとつ美しく整っていく。**

そしてその結果、**不思議なことにあなたの人生に小さな奇跡やしあわせなどのうれしい出来事が次々と起こりはじめるのである。**

この一連の流れや段階を経て、あなたやあなたの魂は成長していく。

これが、あなたが人としてこの地球に生まれた目的のひとつである「成長プログラム」なのである。

そして、これこそが驚愕の霊的真実、守護霊たちが人類に仕組んだ「進化」「成長」「霊的覚醒」のプログラムでもあるのである。

ちなみに、このように、表面的な出来事のウラにある「**霊的真実**」**を見抜こうとする視点を**「**霊的視点**」という。

そしてまた、**その視点での考えを「霊的思考」**という。

しかしながら、これだけの大きな意味のあるイベントをどうやって守護霊たちは起こしているのだろうか？

これを理解するには、学生のころの「学芸会」をイメージするとわかりやすい。

「学芸会」では、事前に誰が主役をやって誰が悪役をやって、シナリオはこうして、とみんなで話し合ったはずである。

じつは、これと同じようなことが霊的世界でも行われている。

先ほどのあなたと友人Bとの出来事では、主役はあなた、そして「悪役をかって出てくれた」のが友人B、ストーリーは、展開は……と、みんなで話し合いがされていたのだ。

「え？　いつ話し合ったの？」と、お思いだろうか？

そうである、あなたが眠っている間に行われていたのだ。

あなたが眠っている間に「意識または体外離脱の状態」で、あなたとあなたの守護霊、そして友人Bとその守護霊たちが霊的世界に集まり、「あなたのための成長プログラム」を話し合って決めていたのである。

じつは、これが驚愕の眠っている間の「霊的会議」なのである。

こんなふうに霊的会議はすすんでいる

ここで、あなたの身に起こった、その実際の霊的会議の様子をご覧いただこう（ここでは、主人公を二人称「あなた」とし話をすすめさせていただきます）。


あなたは夜になり、布団の中に入った。

ここ最近、少しつかれていたせいか、またたく間に眠りに落ちた。

そしてあなたの意識は眠りの世界に入っていった。

あなたは自分の物質的な身体からスーッと抜け出し体外離脱をし、そして約束の場所へ向かった。

そこは全体がまばゆいばかりの光で包まれた場所であった。

そして、そこにいたのは、あなたと、友人B、そして、あなたが冷たい態度で接してしまっているAさんの姿もあった。

みんな体外離脱をしてここに集まっていた。

そして、そこには各々の守護霊たちも来ていた。

そして、いよいよ霊的会議がはじまった。

あなたの守護霊「あのさあ、いまの状態よろしくないよねえ」

Aさんの守護霊「うん、そうだね、なんとかせなアカンね」

あなた「うん、これは私の人生の課題で、なんとかクリアしないといけないのはわかるんだけど、どうも地上に降りるとつい忘れてしまってAさんに冷たく当たってしまうのだけど……」

Aさん「いやいや、私の課題でもあるから、私からもなんとかしないといけないのだけど……」

そうである。

こういった出来事は**あなたのためだけではなく、この出来事に関する全員の成長のために、霊的な絶妙な仕組みで起こる**わけである。

Aさんの守護霊「うむむ。じゃあ、仕方ない。あの方法でもいっとく？」

あなた「ん？　あの方法って？　何？」

あなたの守護霊「あなたがAさんにやってしまっていることと同じことを、誰かにあなたに対してやってもらう。そしたら、あなたもその姿を見て自分のしていることに気づくかも」

あなた「なるほど。それなら気づけるかも……。でも、それには誰かが、私のために〝嫌われ役〟になってくれないといけないよね？　私のためにそんな大変なことしてくれる人いるかな」

友人B「いるよ！　私やってあげるよ！」

あなた「ええ！　でもなんだかわるいなあ、私、気づかず、ぶちキレるかもしれないから」

友人B「大丈夫！　親友じゃない！　まかせてちょーだい！」

友人Bの守護霊「君ならうまくやれるかも！　私も全力でサポートするよ！」

あなた「みんなありがとう！　では、よろしくね！」

あなたの守護霊「これで決まりだね。では、みんながんばって！　なるべく今回のこの霊的会議で話し合ったことを思い出してね。もし忘れそうになったら、霊的な本などを読んで思い出してね」

あなた「じゃあ、よろしくね！」

友人B「りょ～かい！　まかせといて！」

あなたの守護霊「では、そろそろ戻りますか！　みなさん！　がんばってね！」

そして、朝になり、あなたは布団の中で目が覚めた。
しかし寝ている間の霊的会議のことは覚えていない。

ただ昨夜、知り合いが出てきて何かをみんなで話し合っていたような夢を見た……
ということだけは覚えていた。

このようなことが、あなたの人生にも実際に起きている。

このように、**あなたもすでに眠っている間に、守護霊たちと会い、なんと、守護霊たちと普通に会話もしていたのである。**

ハラが立って仕方がない問題こそ人生の課題

さて、眠っている間に体外離脱をして、みんなで集まり霊的会議をして、友人Bに「嫌われ役」をお願いしたあなた。

そこまで準備して人生の課題をクリアしようと決めたあなた。

そのあとはどうなったのか？

次の日の夕方、友人Bは霊的会議であなたからお願いされたとおりに、あなたに対してとてつもなく冷たい態度で接してきた。

まさに「計画どおり」である！

あなたの守護霊たちも、あちらの霊的世界からその様子を見ていた。

守護霊たち「おおお！　Bさん！　見事な迫真の演技！　まさに計画どおり！」

そこで、いよいよあなたの出番である！

霊的会議でのシナリオでは、ここであなたがあるリアクションをとる番である。

さて、あなたはどうするのか？

だてに霊的会議に出ていたわけではないあなた。

しかも、あなたから友人Bに冷たい態度をとるように頼んでいた！

その友人Bは、あなたがAさんに対してとっている冷たい態度を見せてくれるために、そうしてくれている。

そのことを霊的会議では十分知っていたあなた！　さあ、ここは……。

「ハッ！　こ、この態度、これは、まさに私がAさんに対してとってる態度とまったく同じだ！　それを私に知らせてくれるために、この友人Bはこんな態度をしてくれているのね！　ありがとう、友よ！」

……的な感じで、ビシッとカッコよく決めちゃっていただきたいところである。

さ！　いよいよ、あなたの番です！

さ、ど――――ぞっ！

あなた「ちょっとぉ！　なんなのよ、その態度！　ゴラァァ!!」

守護霊たち「ズル――ッ！（いっせいにコケている）」

あなたは霊的会議でのことを忘れてしまっているとはいえ、せっかく友人Bが見せてくれた「メッセージ」に気づくことができなかった。

しかもぶちキレてしまった！

「あちゃー、ちょっと、むずかしかったかな、なんとかしようか……じゃあ、次の手を打とう！」

あなたの守護霊はすかさず「次の手」を使い、あなたをサポートすることにした。

さて、友人とけんかをしてしまったあなた。

「いったいなんなんだ！　あの態度！　ハラ立つわー！」

帰り道、どうにも納得がいかない。

そうである、自分の人生の課題にかかわる出来事で、クリアしないといけない出来事ほど、なぜかいつもより余計にハラが立つ。

また、自分もどこかで同じことを（この場合Aさんに）してしまっているときに、いつもよりもハラが立つわけである。

いつもより感情的になる場合は、自分も同じことを誰かにしてしまっていたり、より大切な人生の課題がそこにあるのだ。

さて、あなたは今日あった出来事をブツブツと文句を言いながら歩いていた。そのとき、ふと見るとそこに本屋があった。

すると「な・ん・と・な・く」本屋に立ち寄りたくなった。

そうである。この**「な・ん・と・な・く」という心に感じる感覚こそが、守護霊たちからの声なのである。**

あなたが、文句を言いながら歩いているときに、あなたの守護霊はすでに次の作戦を発動させていたのである。

あなたの守護霊は、「お〜い！　本屋に寄っていこうよ！」と、あなたに語りかけていた。だから、あなたは「な・ん・と・な・く」本屋に立ち寄りたくなったのである。

あなたの守護霊は、「いまのあなたに必要な言葉」が書かれている本を、なんとかあなたの手にとってもらおうと、懸命に語りかけているのであった。

本屋に立ち寄り店内を歩いていたあなたは、少しだけ気分がよくなった。

これは、じつは「本屋に寄っていこうよ！」という**守護霊からの「愛と調和」のあるメッセージを受け取って実行に移したから**である。


守護霊たちからのメッセージを受け取るということは、同時に霊的なエネルギーも受け取ることになる。

すると、あなたの霊的周波数がより整う。

その結果として「気分がよくなる」という感覚を味わうわけである。

つまり人生の流れに乗っているということである。

逆に、**何かしらモヤモヤするとき、これもじつはチャンスであり、メッセージであり、人生の流れに乗る方向が、別の方向にあるということを知らせてくれている。**


さて、本屋を歩いているあなた。

するとまた、「な・ん・と・な・く」とあるコーナーの本が気になった。

じつは、これも守護霊があなたに語りかけているからである。

あなた「へえ、霊的な本のコーナーか……」
あなたの守護霊「そう！　その右側においてある本！　それ手にとってみて！」

守護霊は、もしもあなたが霊的会議で話し合ったことを忘れてしまったら、霊的会議について書かれている本を読んで思い出してちょうだいと言っていた。
そして、いままさにあなたの守護霊は、あなたに霊的会議について書かれた本を手にとってもらおうとしていたのであった！

あなた「ん？　何この本『驚愕！　霊的会議』？」
あなたの守護霊「おおっ！　やったー！　手にとってくれた！」

こうして、あなたのところに1冊の本は届けられたのであった。

このように、ものや人との出会いがあなたのもとに届けられる場合、そのウラには「霊的世界」からの守護霊たちのサポートがあってこそなのである。

知っていても実行しないと変わらない

さて、あなたは無事に霊的会議について書かれた本を手に入れた。

家に帰るとテレビで映画「鏡の国のアリス」をやっていた。

なんとなく面白かったので最後まで観てしまった。

そして、その日は本を読まずに寝てしまった。

翌朝、普通に目が覚めた。食事をすませると、すぐに出かけた。すると、あなたは昨日けんかした友人Bと、ばったり駅で会ってしまった。

「あっ、会っちったな、どうしようか……」

一瞬ためらったが、気分を変えてあいさつしてみた。

あなた　「おはよう！」
友人B　「……」
あなた　「えええっ！　なぜ？」

思いっきり、シカトされてしまった。

一日経っても状況はまったく変わっていなかった。

これはなぜだろうか？　じつはこれには理由がある。

そもそも、この友人が冷たい態度をとるのは、**あなたがまったく別の人であるAさんに対してしていることを〝鏡のように〟見せてくれているからである。**

だから、基本的にはあなたがそこに気づくまで、友人Bは「嫌われ役」を演じないといけないわけである。

つまり、**あなたがあなたの課題に気づいて改めることで、状況はよくなる**わけである。

さすがに、この出来事にショックを受けたあなたは、家へ帰ると、「な・ん・と・

な・く」昨日購入した本を読んでみた。本には、こう書いてあった。

「あなたにとってイヤだなと感じる人は、あなたの姿を〝鏡のように〟映し出してくれている場合がある」

「ああ、これ知ってる、知ってる」と、あなたは思ってしまう。

しかし本には、「これを読んで、『あ！　知ってる、それすでに知ってる！』と思ったあなた！　あなたはその知っていることを、本当に実践していますか？　知っていても、実行しなければ何も変わりません」と書いてあった。

そして、その本にはさらに、

「あなたがその人の言動を見てイヤだなと感じ、いつもよりも無性にハラが立つ場合は、あなた自身もその人と同じことを、どこかで、誰かに対してやってしまっている場合が多い」

と書かれていた。

さらに、霊的会議の話し合いにより、自分がそれに気づくために、自分が身近な人に「嫌われ役」をしてもらうようお願いしているとも書かれていた。

「ふむふむ。なるほど……すると何？　友人Bは私のために〝嫌われ役〟をやってくれているということ？　で、私も同じことを人にしてしまっていると……」

さあ、あなたは気づけるだろうか？

何か思い当たる節はないか考えてみた。

あなた「いーや！　私はない！　私はあんなひどいこと人にはしない！」

守護霊「うわあぁ……スゴ！　言い切った！　そうきたかー」

さらに、あなたは本を読みすすめるとこう書いてあった。

「それでは、本当にあなたが他者に対して同じことをしていないか、実際に調べてみましょう」

「まず目を閉じて、心を静めます。そして、もし自分がされてイヤなことを、自分も他の人に対してしてしまっているのならば、教えてちょーだいと自分の守護霊に依頼してみましょう。すると、あなたの守護霊は『霊的ファックス』を使って、その人の顔写真をあなたの頭の中に送信してくれます」

あなた　「へぇ～そうなんだ。『霊的ファックス』かあ……やってみよう！」

守護霊　「おっ！　いよいよ出番だね！　えっとAさんの写真は……これか。そして『霊的ファックス』で、えい！　送信！　ガ～ピ～～」

説明しよう！

「霊的ファックス」とは、あなたの頭の中にダイレクトに、映像やヴィジョンを送り込むことができる守護霊たちの秘密道具である！

この例のように、**心を静めて守護霊に聞いてみると、映像やヴィジョンであなたにメッセージをくれるのだ！**

あなた　「う～ん。なかなか、浮かばないなぁ」

守護霊　「ええええっ！　そりゃマズイ……どんどん送

ガ～ピ～
「霊的ファックス」送信！
FAX
いまどきFAX……

信しよう。え〜い！」
あなた「ん？　誰かな……少し見えてきたぞ」
守護霊「おっ！　よし、あとちょいだ！　送信！　送信！　ヤベ、紙がなくなる」
あなた「……これってひょっとして……Ａさん」

守護霊の霊的ファックスの協力によって、Ａさんの顔を思い浮かべることができたのだ。

あなた「はあ……そうか……Ａさんねえ……たしかにいけなかった」
守護霊「おおおっ！　いいぞ！　やったー！　すばらしい！」

その後、あなたは見事にＡさんへの態度を改めた。
いざ自分を改めてみると、やはり、嫌われ役をしてくれた友人Ｂに対する感謝も自然と心からわいてきた。
あなたは、見事に**人生の課題のひとつをクリアできた**のであった。そのことで、あなたの魂はまたひとつ「愛と調和」の霊的周波数に近づいたのである。

ちなみに、ここでは、ストレートに気づきのメッセージが書いてある本という設定にしている。

実際には、さまざまなジャンルの本、雑誌、マンガ、または映画などの、**一見まったく関係ないようなフレーズで守護霊はあなたにメッセージを送ってきてくれる。**

そのくわしい受け取り方は、3章のシンクロニシティに関するところで紹介しよう。

さて数日後、再び友人Bに会った。すると不思議なことが起こった。

あなた「あ！　友人Bだ……なんか、お礼を言いたいな」

友人B「あ！　おはよ！　この前ごめん、ちょっといろいろあってね、ごめん」

あなた「いやいや、なんか……ありがとう」

なんと！　友人Bとの関係も自然とよくなったのである。

あなたが気づき、人生の課題をクリアできたので、友人Bはもう「嫌われ役」をやらなくてもよくなったのである。

そしてすべてが、よい流れになったのだ。

そして、その日の夜、あなたは眠りについた。

すると再びあなたは、自分の物質的な身体を抜け出し、体外離脱をして約束の場所へ向かった。

そこにはすでに、体外離脱をしたAさん、友人B、そしてそれぞれの守護霊たちが集まっていた。

守護霊「おめでとう！　見事にクリアできたね！」

あなた「ありがとう！　みんな！　それに友人B〝嫌われ役〟をしてくれて本当にありがとう。最初気づかずにキレちゃったし……」

友人B「嫌われ役は、やはりちょっとツラかったかな……」

あなた「本当ごめん。でも、本当にありがとう！」

友人B「いやいや、いいよ。それより、よくぞ自分の心と向き合って気づき、課題をクリアしてくれたよ！　こちらこそ、本当にありがとう！」

いかがだっただろうか。

これが、あなたも実際に眠っている間に行っている「霊的会議」の一部始終である。

このように、あなたも体外離脱をして実際に守護霊たちと人生のプランを話し合っているのである。

ちなみに、この霊的会議は、今回の例のような問題解決の場合だけではない。**複数の人と霊的な意味のある仕事などをする場合や、人とのステキな出会いなど、ラッキーな人生の展開の場合にも行われている。**

俺たちの日常に起こる出来事のそのウラには、じつはこの霊的会議のような霊的な側面が隠されているのである。

朝の2つの習慣で守護霊との会話を思い出す

守護霊たちと人生の計画を話し合う霊的会議は、誰もが眠っている間に行っている。

では、どうしたらこの霊的会議の内容を思い出せるのか？

基本的には、霊的覚醒をして、あなたの周波数を霊的周波数に近づけることで、思い出せるようになるのだが、ここではお手軽にできる方法をお伝えしよう。

霊的会議の内容を思い出すということは、「あちらの世界の情報をもったまま、こちらの世界で目覚めることができるようになればいい」わけである。

それには、**目覚めた直後に夢をメモる、つまり「夢日記」をつければいい。**

この夢日記を書いていくことを習慣にすると、だんだんと夢を細かいところまで思い出せるようになったり、さらには夢よりも奥の次元で行われる霊的会議の内容まで少しずつ思い出せるようになってくるのである。

目覚めた直後に、どんなささいなことでも必ずノートに書く。

そうしているうちにだんだんと、あちらの世界（霊的次元）とつながりながら目を覚ますことができるようになっていくわけである。


それともうひとつ「夢日記」と一緒にやると、さらに効果的な方法がある。

それは、**寝起きに1分くらい、目を閉じたまま考え事をするという方法**である。

一見するとかなり地味な方法に思えるが、じつはこれがかなり効く。

なぜかというと、**人は眠りから目覚めた直後の周波数が、じつは「霊的世界の周波数」に一番近い状**

態になっているから。

このチャンスをいかさない手はない。

あなたの周波数が「霊的世界の周波数」に近ければ近いほど、守護霊たちとの会話を思い出せたり、守護霊たちからのインスピレーションも受け取ったりしやすい。

だから、この「目を閉じ目覚め1分の考え事」のときに浮かんだひらめきが、実際に霊的会議で決めたこととつながりがある率が一番高いわけである。

そのひらめきがエゴではなく、愛と調和をもたらすことであれば、ぜひ実行してみていただきたい。

また、**日頃から「そろそろあれをやらなくては」と、ずっと気になっていること、これもじつは守護霊たちからのメッセージなので、ぜひ実行してみていただきたい。**

そうすることで、より「自分の使命」や「自分の人生の目的」にそった生活を送っていけるようになる。

これを実際に行っていくと、自分の進むべき道や、すべきことが見えてくるので

「自分は守護霊たちからヒントをもらっているのだな」と、実感するようになる。

守護霊たちの言葉は、すごく優しく愛に満ちているのだが……「相手の立場になって考えなよ」とか「心を込めて丁寧に掃除しなよ」と、説教っぽいことを言ってくることもある（じょーだんとかもけっこう言ってくれるんだけどね）。


ただ、やつらのアドバイスを受け取り実行すると、本当に成長できる。

また、ちょっと苦しいな……という心の状態や、どうにも困った状態からも、早く抜け出すことができる。

そして、**心に調和と平和が訪れて、しあわせだと感じることが確実に増えてくる。**


ぜひ、あなたも守護霊たちとつながりをもっていただきたい。

守護霊たちとの会話を思い出したい人は、「自分は成長したい！　自分はがんばる！　説教もありがたく受け取る！」といった気持ちになってみていただきたい。

そういう、**前向きで自分を成長させたいという姿勢であれば、守護霊たちとの会話を思い出せるようになる。**

必ずダイレクトに守護霊たちの声が聞こえるようになり、守護霊たちと直接会話もできるようになると断言する。


いかがだっただろうか。

これで、あなたも、「守護霊たちとすでにコミュニケーションをとっていた」という真実をご理解いただけたことだろう。

これから、あなたの頭の中に何か言葉が浮かんできたら、あなたからも意識的に守護霊たちに、お礼を伝えたり、話しかけたりしていただきたい。


守護霊たちに話しかけることで、「霊会話」は展開されていくのである。

「気軽に駅前留学」のノリで霊会話をはじめていただきたい。

これからは、霊会話！　これが話題のトレンドになったりして。

霊会話教室
REI

そのコスプレはやばいだろ……。

2章

衝撃！しあわせを呼ぶ「霊的覚醒」のススメ

俺たちの魂は何を学ぼうとしているのか？

これまでに「霊的覚醒」という言葉が何度か出てきていたが、この霊的覚醒をここでくわしく解説しておこう。

じつは、この地球、そしてこの世界は、**目に見える「物質的な世界」と、目には見えない「霊的な世界」とで成り立っている。**

これは、あなたの身体も同じで、「物質的な身体」と「霊的な身体（霊体）」とで、成り立っている。

1章でお伝えした、体外離脱の様子からもわかるように、あなたの物質的な身体

がなくなってしまったとしても、あなたの「霊体」や「意識」は存在しつづける。

あなたの本質の姿は、むしろ霊体であり、**あなた自身もじつは「霊的な存在」**なのである。


そして、俺たちの本当の居場所とは、本質的には霊的世界である。

この物質的世界である地球には、魂の学びのために来ている。

つまり、**この地球とは魂の学びのために、一時的に来ているホームステイ先みたいなところであり、「魂の学びのための空間」**とも言い表すことができる。


では、何を学ぶために俺たちは来たのか？

それには、まず「こちらの世界」と「霊的世界」の仕組みを知っていただきたい。


俺たちのいる「こちらの世界」には「こちらの世界の周波数」があり、守護霊や天使たちがいる「霊的世界」には「霊的世界の周波数」がある。

俺たちの魂の本来の居場所である霊的世界の周波数は、「愛と調和」のエネルギーの状態である。

一方、俺たちの住むこちらの世界は、まだまだ「愛と調和」の周波数がそれほど整ってはいない。

そこで俺たちは、自分自身の周波数を「愛と調和」の周波数に美しく整えていくことで、この地球の周波数を変えていこうとしている。

俺たち一人ひとりの周波数が「愛と調和」の周波数に整っていくと、この社会全体の周波数も「愛と調和」の周波数になっていくのである。

つまり、**みんなで地球を「愛と調和」の世界にするという、魂の目的のもとに、俺たちはこの世界に生まれてきている**のである。

守護霊たちは、「この真実をみんなに知らせてほしい」と言ってきている。

「愛と調和」の周波数になること

この「地球を『愛と調和』の世界にする計画」には、人間だけが参加しているのではない。

この計画に守護霊、天使、異星人、妖精、女神たちなど、多くの霊的な存在たちが参加している。

そこで必要となってくるのが、じつは霊的覚醒なのである。

霊的覚醒とは、こちらの世界にいながらにして、自分自身の周波数を霊的世界の周波数に近づけていくことである。

この「地球を『愛と調和』の世界にする計画」に参加している、守護霊たちの周波数は霊的世界の「愛と調和」の周波数である。

そのやつらの「愛と調和」の霊的周波数に、俺たち自身の周波数を近づけていこうというわけである。つまり、これが霊的覚醒である。

霊的覚醒をして、守護霊たちの周波数に近づいていくと、やつらとのコミュニケーションや会話ができるようになってゆく。

すると、俺たち人間と守護霊たちが協力してこの「地球を『愛と調和』の世界にする計画」を、よりスムーススにすすめていけるようになるわけである。

共に働く人
募集
探してまーす。
ご協力お願いしまーす

ここ最近の社会を見ていると、

「そろそろ地球も愛と調和の世界に変わっていかなくてはならない」

「何かしらの社会的変化が必要」

と、感じている方は多いかと思う。

そんな中、守護霊たちは、共にコミュニケーションをとり合い、共に働ける人たちを探している。

つまり、守護霊たちも俺たちを必要としてくれているわけである。

そういった状況なので、**最近では以前にくらべ守護霊たちからの霊的覚醒のサポートが受けやすい状態になっている。**


さらに霊的な情報もたくさん世に出てきている。

正確な霊的情報をたくさん取り込むことは、霊的覚醒を加速させる。

このように、霊的覚醒をしやすい環境が整ってきている。


守護霊たちは、あなたが霊的覚醒をして、守護霊たちとコミュニケーションをとる日を心待ちにしている。

そして、守護霊たちはあなたの人生、そして地球を「愛と調和」へとともに築いていける日を、たのしみに待ってくれているのである。

なぜか、さまざまなしあわせを呼ぶ

では、霊的覚醒がすすむと、具体的にいったいどうなっていくのだろうか？
そして、どんなことが日常生活に起こるのだろうか？
まずは、ざっと箇条書きにしてみるとこうなる。

- 守護霊、天使、異星人、妖精、女神たちとの交流
- シンクロニシティ（意味のある偶然の一致）やメッセージに気づきやすくなる
- 必要な情報やものがスムースに集まってくる
- 必要な人との出会いに導かれる
- 奇跡的な出来事が起こる
- 人生の問題がスムースにクリアできるようになる
- さほどハラを立てなくなり、自然と発想が明るく前向きになる

・心が落ち着き、安らぎとしあわせ感が訪れる
・忘れ物や、やらないほうがいいことを知らせてもらえる

……などなど、いろいろある。

まず、**霊的覚醒をすると日常生活や仕事などの場面において、勘がよくなる。インスピレーションや直感がとても冴《さ》えてくる**のである。

そもそも、インスピレーションとは直訳すると「霊感」である。

そして1章で解説したように、インスピレーションやひらめきとは、守護霊たちからの、ヒントやアドバイスである。

先ほどお話ししたように霊的覚醒をすると、あなたの周波数が守護霊たちのいる霊的世界の周波数に近づいていく。

やつらとコミュニケーションをとりやすくなり、やつらからのヒントやメッセージに気づきやすくなるわけである。

また、霊的覚醒がすすんでくると、「シンクロニシティ」と呼ばれる、（くわしくは3章で徹底的にお話しする）**不思議な「意味のある偶然の一致」**が、**あなたの人生に起こりやすくなる。**

そして、そのシンクロニシティにも気づきやすくなる。

すると、シンクロニシティという偶然の出来事から、**必要なときに必要なものや情報が与えられる、といった出来事が起こりはじめる**のである。

これは、守護霊たちが「あなたに必要なものや経験」に導いてくれるからである。

たとえば、1章の72ページでお話しした「霊的会議」のワンシーンのように、ふと手にした本に必要な情報が書いてあるのを見つけたり、そしてときには**自分が「こんなものが欲しいな」とイメージしたものが実際に手に入ったりもする。**

たとえば、俺が実際に体験したことをお話ししよう。

俺は、「ある会社のロゴの意味を知りたい」と思っていた。

その数時間後に、たまたま、ふらりと入った書店で「な・ん・と・な・く」気になった本を手にすると、なんと！　そこに「そのロゴの意味」が書かれていた。

またあるときは、「部屋の棚の空きスペースにちょうどぴったりの箱が欲しいな」と、考えていた。

「な・ん・と・な・く」入ったキャッシュコーナーで、落とし物のキャッシュカードを見つけた。

「これは落とした人は心配だろう。すぐに届けねば」と即行で警察に届けた。

すると数日後、見知らぬ方から宅配便が届いた。

それはカードの落とし主の方からのお礼の菓子だった。

菓子をおいしくいただいたあと、気がついた……。

なんと！　その菓子の箱が、部屋のその棚の空きスペースにちょうどぴったりのサイズだったのだ！　まさに驚愕《きょうがく》である。

このように、**霊的覚醒をするとちょっと不思議で幸運な出来事が起こりやすくな**

る。

守護霊たちは、「な・ん・と・な・く」を使って必要なものや情報を届けてくれている。

霊的覚醒をすると、この「な・ん・と・な・く」という感覚をより正しくキャッチできるようになる。

すると、守護霊たちからの導きと一致した行動ができるようになるので、このような不思議なことが実際に起こるようになるわけである。

さらに、情報やものだけにとどまらず、人との出会いまでも導いてもらえることがある。

たとえば、俺が「バンドを組みたいな……」と、なんとなく考えていたら、次々と俺の前に人が現れ、なんと同じ時期に5人もの人たちから「一緒にバンドを組みましょう」と誘

会議のとおりすすんでいるな
お願いします！
お願いします！
お願いします！

われたのだ！

出会いは、1章でもお話しした霊的会議によって、コーディネートされている。

この例の場合も、俺やその5人、そしてそれぞれの守護霊たちとの話し合いによって、出会いがコーディネートされているわけである。

人生の課題をクリアし、夢がかなう

霊的覚醒をすることはまた、人生の課題をクリアするための大きな助けとなる。

俺たちの日常には、魂の成長のために用意された人生の課題が、さまざまな出来事として起こる。お話ししてきたように霊的会議によってこれらは用意される。

魂を成長させるというだけあって、クリアするのがとてもむずかしく感じることもある。

ときには、「ああ、もうだめかも」なんて、感じるときもあるかもしれない。

しかし、そんな状況であっても、じつは、守護霊たちは**「こちらが出口だよ」「こうするとクリアしやすいよ」**とヒントやメッセージを、**あなたに送ってくれている。**

そのことに気づいていないので、「もうだめかも」と感じてしまっているわけである。

しかし、あなたが霊的覚醒状態であれば、守護霊たちの周波数に近いため、やつらからのヒントやメッセージに気づきやすくなる。

実際に俺のケースでも、**霊的覚醒したことで、以前だったら1か月以上かかる課題であっても、3日くらいでクリアできた**こともあった。

うまくいけば、その出来事が起こったまさにそのときに、守護霊たちのヒントを受け取り実行することによって、その場で課題をクリアできることすらある。

じつは、この人生の課題をクリアするということは、霊的視点から見ると想像以上に大きな意味のある出来事なのである。

どういうことかというと、人生の課題をクリアして、あなたの周波数が美しく整ってくると、その**新たな周波数に応じたものが、あなたの周りに集まりはじめる。**

それは、ものであったり、機会であったり、出会いであったりする。

たとえば、新しい仕事や自分をいかせる場所が与えられたり、新しい生活環境や人間関係が生まれたりといった機会ができる。

つまり、人生の課題をクリアしていくことで、あなたの人生を大きく変えていくことができるわけである。

その結果、**あなた自身の夢や目標に大きく近づくことにもなる。**

ちなみに、あなたの目の前に現れた人生の課題ともいえる出来事が、あなたの夢とは一見何も関係がなく、とてもめんどうくさいことのように見えることもあるだろう。

しかし、じつは、その**問題をクリアすることが、あなたの夢への近道だったりすることが多い**のだ。

だから、目の前の「人生の課題」をクリアしていくことは、夢をかなえる上でも、とても大切なことなのである。

霊的覚醒をすることで、守護霊たちとの連携がよりうまくいくようになり、あなたは、人生の課題をよりうまくスムースにクリアできるようになる。

そして、あなたが人生の課題をクリアして「愛と調和」の周波数になっていくと、より多くの安らぎとしあわせを感じるようになっていくことだろう。

なぜ、生まれる前の記憶がないのか？

人は生まれる前に、守護霊や霊的指導者たちと、とても大切な話し合いをしてから、この地球に生まれてくる。

生まれる前にも、霊的会議は行われるのだ。

そして、これからはじまる人生で、**自分は何を学び、何を目的に生き、そして、誰と出会い、どんな人生の課題や使命を果たすために生まれるのか、といったとて**

も大切なことを話し合ってから生まれてくる。

しかし、自分の使命や課題を思い出せないという方は多い。

また霊的会議は、眠っている間にも頻繁に行われている。

守護霊や天使たちと、人生の課題をクリアするための話し合いをしているのだ。

ところが、その内容を朝になると、すっかり忘れてしまっている。

それはどうしてなのか？

生まれる前の記憶や霊的会議の内容は、天によって消されているのか？

いや、それは違う。

天とのかかわりの中で、一方的に「～される」ということはほとんどない。

たいていのことは自分自身が原因で起こるということを知っておいていただきたい。

中には、こういう説もある。

「自分の解く課題の答えを知ってしまっていては問題として成立しない。そのため、生まれるときは、「霊的世界の記憶を自ら消す」

地球的次元で解釈するとそう見えるのかもしれないが、宇宙的次元の視点で見ると、じつはこれも違う。真相はこうである。

霊的世界と、こちらの世界の周波数が、かけはなれているために忘れてしまうのだ。

これが真相である。

周波数が違うと、すごく遠い記憶になってしまうのである。

もしかりに、この地球の周波数が霊的世界と近い周波数になれば、誰もが生まれる前の記憶や、眠っている間の霊的会議の記憶をもったまま生活ができるようになる。

この曲忘れている！
天によって俺の記憶が
消されている――！
練習不足だろっ！

夢を見たはずなのに、思い出せないのと同じである。

夢の世界とこちらの世界でも、周波数が違うので同じ現象が起こる。

ただし、霊的覚醒をして周波数が霊的世界に近い人は、実際に霊的会議の記憶を普通に覚えている人もいる。

つまり、**霊的世界での出来事を覚えているかどうかは、各個人の「霊的周波数」によるわけである。**

図で表すと、次ページのような感じになる。

A氏は、よりこちらの世界である物質次元の周波数に近いので霊的世界でのことを、あまり思い出せない。

しかし、B氏は霊的世界とこちらの世界の中間くらいの周波数なので、霊的会議のこともある程度思い出せる。霊的な夢もある程度思い出せる。

そして、C氏に至っては、こちらの世界にいながらにして、霊的世界の周波数で生活しているので、霊的会議の内容も自分の使命も、はっきり思い出せる。

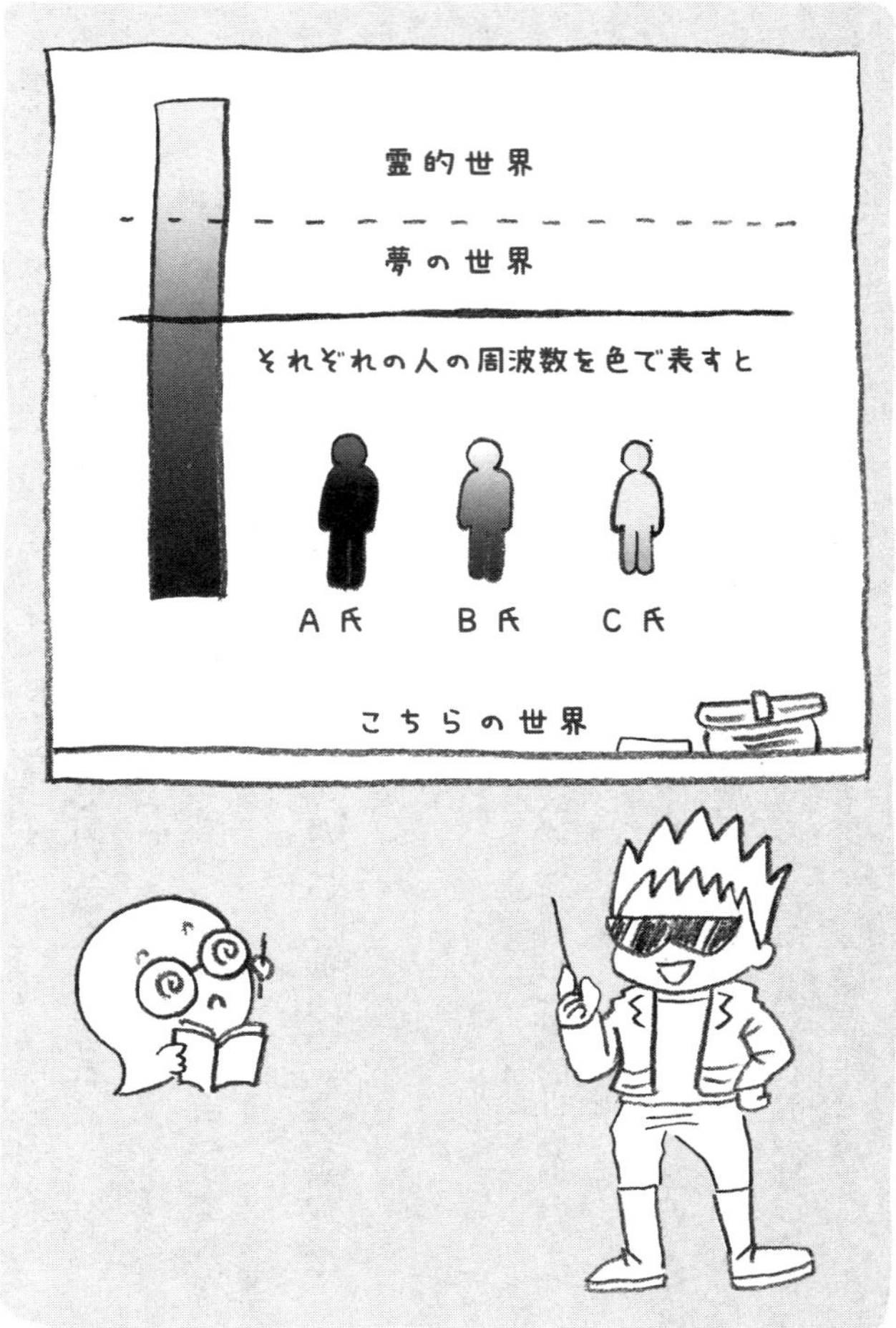
霊的世界
夢の世界
それぞれの人の周波数を色で表すと
A氏
B氏
C氏
こちらの世界

……と、こんな感じになる。

A氏、B氏、C氏の3人はこの同じ世界にいたとしても、**じつは霊的周波数はそれぞれ違う**のである。

だからといって、一概に霊的周波数が霊的世界に近いC氏が偉いといえるわけではない。

ただ、C氏が霊的覚醒において先を行っていることは事実ではある。

ちなみに、霊的覚醒をまったく意識していないのに、霊的周波数が整っている人もいる。

また、**霊的周波数は、同じ人であっても日によって違ったり、時間帯によって違ったりする場合もある。**

実際、俺の場合も、ある程度の振れ幅はあるものの、何を意識して暮らすか、そのときどきによって霊的周波数は変化する。

霊的チャンネルのスイッチをOFFにして暮らしていると、ある程度、普通の人になる。スイッチを入れれば、霊的覚醒状態に戻せる。

ともあれ、生まれてくる前の記憶や、日々の眠っている間の霊的会議を思い出すには、霊的覚醒をして周波数をより霊的世界の周波数に近づければいいわけである。するると、生まれてくる前の霊的会議や、日頃の霊的会議の内容を思い出しやすくなる。

そして、その霊的情報をいかして生活できるようになっていくわけである。

自分の周波数を変えて霊的覚醒をする方法

ではどうしたら、あなたの周波数を「霊的世界の周波数」に変えて「霊的覚醒」をすることができるのか？　じつは、これはとてもカンタンである。

あなたの周波数を変えるということは……。

あなたのものの見方、そして考え方を変える、ということである。

たとえば、いままで見ていた同じ世界であっても、あなたのものの見方、そして考え方を変えると、あなたの目にはまったく別の世界が見えてくる。

じつは、このようなとき、あなたの周波数は確実に変わっているのである。


このことを理解するにはテレビをイメージするとわかりやすい。

テレビはチャンネルを変えると、映っている世界（番組）が次々と変わっていく。

これはチャンネルを変えることで、受信しているテレビの周波数を変えているからである。

そうすると見ている世界（番組）が変わっていく。

このように周波数が変われば
見ているものが変わる……
目がチカチカする～

つまり、見ている番組が変わったということは、周波数が変わったということで

ある。

あなた自身がもつ周波数の場合も、じつはこれと同じである。

ある事柄に対して、あなたの目に映る光景が変われば、あなたの周波数も変わったわけである。

では、あなたの周波数を「霊的世界の周波数」にするには、どうすればいいのか？

それには、**この世界で起こる出来事を「霊的視点」で見て、「霊的思考」で考える**ということである。

あなたが、霊的なものの見方をするようになれば、あなたの周波数は、より霊的周波数に近づいていくわけである。

たとえば、1章58ページの霊的会議のところでお話ししたような、「自分にとって不快な態度をとる人が現れたとき」。

それを**どう受け取り、どう見るかによって、周波数が変わってくる。**たとえば、

ａさん「自分に大切な何かを知らせてくれているのかもしれない」
ｂさん「ひじょ〜に、ハラが立つ！」

これはａさんのほうが、より霊的周波数に近いわけだが、ａさんのように受け取れれば、さほどイヤな出来事とは感じない。

また、霊的会議のことを知っていれば、ひょっとして、その人に不快な態度をとるように自分がお願いしたのかも……とも思える。

だから、その人のことがそれほどイヤな人にも見えない。

ところが、ｂさんのように受け取ると、「なんてイヤなやつなのだ！」と見えてくる。

ａさんとｂさん、同じ状況であっても、まったく見えている世界が違うのである。

つまり、ａさんとｂさんの周波数がまったく違うわけである。

テレビの周波数と同じで、**２人はまったく違う周波数なので、見えている世界がまったく違ってしまっている**のである。

この2人の違いは、aさんは霊的な視点や思考を知っていたが、bさんは知らなかった……この差である。

わずか、これだけの差である。しかし、この差は大きい。

これだけの差で、その人の周波数や目に映る景色が大きく変わってしまうのである。

ただ、このbさんも、霊的会議などの情報を知り、霊的な視点や思考を身につけ実行するようになると、霊的な周波数に近づく。

そしてそのときには、まったく同じ人物に、まったく同じことをされたとしても、これまでとはまったく違う世界がbさんの目に映るわけである。

もちろん、ここで大切になるのは、**「知っている」だけではなく「実行」しているということである。**

自分の周波数を霊的周波数に近づけて、霊的覚醒をしていくためには、「霊的世界の情報をひとつでも多く知ること」、そして「霊的な視点や思考を身につけ、それを実行」していけばいいわけである。

いますぐ！　あなたの周波数を変えてみよう

それでは、いまここで、**実際にあなたの周波数を「霊的周波数」に変えてみよう。**

ある出来事に対して、見えていた景色がガラリと変わったら、それはあなたの周波数が大きく変わったということである。

次ページの絵をご存じの方も多いであろう。

この絵は、見方によっては老婆にも若い娘にも見える。

「若い娘のアゴが老婆の大きな鼻」「若い娘のチョーカーが老婆の口」「若い娘の耳が老婆の目」になっている。おわかりだろうか？

老婆に見える！
若い女の子に見える！

このように、**同じ絵のはずなのに、見方によっては、真逆のものに見えてしまう。**

じつはこのことが、場合によっては人生を大きく左右することとなる。


これは、実際にあった話である。

Xさんはもうすぐ40歳の女性で、年下の彼と結婚をするつもりであった。

そして彼の両親と会うこととなった。ところがそこでびっくりすることが起きた。

彼の母親がXさんのいる前で彼に、

「Xさんは年齢がきているので、子どもができないかもしれないけど、それでもいいの？」と言ってきたのである！


これにはXさんも、自分でも気にしていただけに大ショックを受けてしまった。

彼は両親に「それでもこの人と一緒にいたい」と言ってくれたものの、さすがにこれはひどすぎる。


Xさんはその後、彼とめでたく結婚をしたのだが、「あのときのお義母《かあ》さんの言葉がショックでどうしても許すことができない」と、悩んでいた。

たしかに、Xさんの身になって考えると、これはかなりキツイしひどすぎる。

怒りやショックで、許せないのももっともである。


さて、あなたはこのお母さんをどう思うだろうか？

このお母さんは天使と悪魔の、どちらに見えるだろうか？　どうだろうか？

当然、ショックが大きければ大きいほど悪魔に見えてしまう。

さすがに天使には見えない。悪魔に見えてしまっても無理はないだろう。

そしてまた、なぜこんな出来事が起こってしまったのだろうか？


では、ここからは霊的視点でこの出来事を見て、「霊的真実」を見てみよう。

お話ししてきたように、このような大きな出来事の前には、霊的会議が確実に行われる。

そして、そこで話し合った計画どおりに出来事は起きている。

つまり、**お母さんは「嫌われ役」を演じることを、Xさんと息子さんのために、**

「わざわざかって出てくれた」のである。

これは、とても大変な役である。

では、なぜこの出来事は起こったのか？

じつはこの出来事からXさんはとても大きなものを得ている。

それは彼が「それでも、Xさんと一緒にいたい」ということを、しっかりとご両親の前で言ってくれたことである。

実際、俺もそれを聞いて「Xさんの彼は、立派でイイ男だな」と感じた。

この出来事を通してXさんの彼に対する信頼や彼との結婚への安心が生まれている。

そしてXさんと彼との絆《きずな》がより深まっているわけである。

人と人との絆というものは、こういう予想外の出来事にどう行動するかによって、築かれていく。

出来事が何もなかったら絆も何も育たないし、気にしていた不安もそのままなのである。

そのために、彼のお母さんは嫌われ役をかってまでも、息子夫婦の絆をしっかりとしたものにしてくれたのである。

これは生半可な愛情では絶対にできないことである!

このお母さんは、むしろとても立派な魂の方なのである。

じつは、これが真実である。俺はこのようにXさんに告げた。

どうだろうか、霊的視点でこの出来事を見たあとのあなたの目には、このお母さんが「天使」に見えるだろうか、「悪魔」に見えるだろうか。

霊的視点で見る前とくらべると、印象は真逆になったことだろう。

このお母さんは天のお役目をしているので、明らかに「天の使い」であるといえる。

ちなみに「悪魔」というものは、このような構造によって、つまり、世俗的な見方や決めつけによって生み出されるわけであって、じつは本質的には存在しない。

このように、霊的視点で物事を見たことで……。

いまあなたの周波数は大きく変わった。

114ページの例のように、「老婆」にしか見えなかった絵が、見方を変えれば「若い娘」に見えるように、同じ出来事であっても、**あなたの見ていた光景が、ガラリと変わったのであれば、あなたの周波数も大きく変わったわけである。**

見方が大きく変われば、あなたの周波数も大きく変わり、あなたがそれに対していだく印象、そして感情すらも変わってくる。

怒りや悲しみが、感謝や喜びに変わる。

そして、あなたの人生までもが変わってくるのである。

あなたはもう……
変わっている!
プロローグでも
見たような……

霊的な情報は直感とハートで選択する

霊的覚醒を加速させるとてもシンプルな方法がある。

それは、霊的な情報をできるだけ多く吸収するという方法である。

吸収とは、知るだけでなく**霊的真実をひとつでも多く知り、実行すること**である。

霊的なものの見方、考え方に変えていけば、霊的周波数が変わる。

そして、**〝ひとつ〟でもそれを実行すると、その分だけ霊的覚醒がすすむ。**

実際に、俺のケースでもそうだった。

俺は20歳を過ぎたころから、霊的なことをたくさん知りたいと感じはじめた。

宇宙や天は俺たちの意思と呼応している。この「霊的なことを知りたい」という想《おも》いが、俺の霊的覚醒を引き起こすきっかけとなった。

そのころ、シンクロニシティ（意味のある偶然の一致）が俺の周りでたくさん起こりはじめた。

そんなときに、俺はとにかくたくさん霊的な情報の本を読みまくった。

霊的な情報をたくさん吸収し、それを実際の生活に当てはめていったことで霊的覚醒がさらに加速したのである。

しかしながら、霊的な情報の本には、かなりいいかげんな情報も混じっている。

俺は、これを当時から感じていた。

自分なりに自分の直感とハートで読んで、これは正しい情報かどうなのかを、しっかりと吟味しながら読んでいった。これが大切である。

あなたも、**霊的な情報を読むときは、書いてある情報を鵜呑《うの》みにせずに、必ず自分なりの直感とハートに聞いてほしい。**

「正しい情報かどうか」を、心で感じながら読んでいただきたい。
最初はよくわからなくても、必ず少しずつ感じるようになってくる。

なぜなら、**あなたが霊的な情報に触れているとき、あなたの守護霊たちも一緒に読んでいる。**

そして、守護霊たちは「その情報が正しいか」を見極めるためのヒントをあなたの心に届けてくれているからである。

その「心に響いた感覚」をしっかり感じながら、「愛と調和」のもとに判断していっていただきたい。

なんと、じつはあなたの周波数もこの本を読んでいる間に、すでに霊的周波数に近づいてきている。

なぜなら、ここまでに、霊的会議などのいろいろな霊的情報に触れ、霊的真実をいろいろと知ったからである。

そして、その霊的視点と霊的思考を使って、日常的に「行動」していくと霊的覚醒がすすんでいくわけである。

じつはあなたも霊能力がある

霊的な能力、つまり霊能力は、じつはこれは誰もがもっている能力である。
そう、**あなたも霊的な能力を普通にもっている**のである。

たとえば、テレパシー。このテレパシーもあなたは普通にもっている能力である。
これは声を発することなく、直接相手の意識に話しかけコミュニケーションをとることである。

普段、あなたは口から声を出して人と会話をしている。
つまり物質的な身体の口を使っている。
ここでちょっと想像してみていただきたい。
あなたが体外離脱をしたときには、どのように他者と会話をするのだろうか？
あなたは、霊体の状態になっているので、もちろん物質的な口はない。

だから、声を出せない。

しかし、霊体の状態のあなたは声が出なくても守護霊たち、そして他の霊体の人たちと普通に会話をしている。


口もなく声も出ないのに、どうやって会話をしているのだろうか？

もうおわかりだろう。

つまり、**誰もが物質的な身体から抜け出し、霊体の状態になるとテレパシーを使って他者と会話を普通にしている**のである。


これと同じで、あなたは霊視の能力もじつはもっている。

あなたが体外離脱をしているときは、物質的な目を使っていない。

しかし、周りの景色や守護霊たちや自分以外の霊体の姿をしている人たちの姿も見える。つまり霊が見える。

これもあなたが物質的な視力ではなく、霊的な視力、つまり霊視を使っているから見えているわけである。

あなたはテレパシーも霊視の能力ももっているのである。

つまり、霊的な能力の多くは、あなたが霊体のときには普通に使っている能力なのである。

何度もいうが、霊的な能力というものはべつに特別な能力ではなく、誰もがもっているごく当たり前の能力なのである。

いまあなたは**物質的な身体に入っていて、自分は物質的な存在だと思いすぎていたので、そのことを忘れてしまっていただけ**のことなのである。

人は「自分にはその能力がない」と考えると、その能力を閉ざしてしまう。

しかし、**「自分にはその能力がある」と考えると、その能力は開きはじめる。**

その意識が、霊的覚醒の扉を開くのである。

金縛りは怖がらなくていい！

それでは、霊的覚醒をするための、より具体的な霊的情報をお伝えしていこう。

まず、はじめに「金縛り」に関して解説しよう。

霊的覚醒を目指していると、金縛りを体験できる場合がある。

その記念すべき「来るべき日」のための参考にしていただきたい。


俺の場合もそうだったのだが、**霊的覚醒のごく初期段階では、ときどき金縛りを体験していた。**

俺は自分が金縛りを体験する以前から、友人たちから金縛りの体験談をいろいろと聞いていた。

それで、「俺にもそんなこと起こるのかな？」と考えていたら、やはりそれは起こった。

俺が初めて「金縛り」を体験したときは、

「れ？　動けねーぞ？　なんだこりゃ？　金縛り？　マジかよ？」

と、最初ちょっとあせったが、「これが噂《うわさ》に聞く金縛りか……」とわかった。

ふと、目が覚めると身体が動かない。

目が覚めているのに身体が動かないのである。


はじめのころは、金縛りの実態がまだよくわからなかったので金縛りになると、

「うおおおおっりゃああああ――――!!!!!!」

と、何かの術でも解くかのように気合だけで金縛りを解いていた。しかし、その後、**気合を入れなくても「普通」にじっとしていれば、もとに戻ることがわかった。**

普通にあれこれ考えているうちに、もとに戻るわけである。


ただこの金縛りにも、じつはいろいろなケースがある。

中には、「愛と調和」の状態ではない、あまりよろしくない金縛りを体験する人もいるようではある。

そんなときは日頃の行いを反省したり、生き方を「愛と調和」の方向に変えたりするきっかけにしていただきたい。

しかし、俺がいまから話す金縛りは、エゴではなく、**「本当の自分を生きて、『愛と調和』のもとに自他共にしあわせになりたい方」「世のため、人のため、地球に貢献したいため、真剣に霊的覚醒したい方」**が体験する金縛りについて解説していこう。

まず霊的覚醒における金縛りはいったいどうして起こるのか？

じつは、これは「記念すべき、めでたい日」でもあるのだ。

じつは、**金縛りとは、目が覚めたままでつまり意識のある状態で、霊的次元とつながったときに起こる。**

それは、霊的覚醒のすばらしい第一歩である。だから、霊的覚醒における金縛りは、じつはとても喜ばしいことなのである。

そして、目が覚めている状態、意識が覚醒している状態のまま、霊的世界とつな

がっているので、
なんと！　**そこで守護霊と会える可能性もあるわけである。**

自分の守護霊と実際に会って、会話をする可能性もあるのだ。

もちろん、それがその人にとって必要なときにそれは起こる。

「プチ体外離脱」的な！

その金縛りには重要な秘密ともいえる、もうひとつの重要な役割がある。

それは、じつは……。

霊的覚醒における**金縛りは、体外離脱のための準備でありトレーニング**なのである。

俺のケースでもそうだった。

何回か金縛りを体験させてもらい、そのあとに、体外離脱が起きた。

そしてそのときに、「ああ、金縛りを何回か体験させてもらっていたのは、体外離脱のための準備だったのだな」ということを理解した。

体外離脱から自分の身体に戻り目が覚めるときの感覚と、金縛りから目が覚めるときの感覚は、かなり似ているのである。

では、どうして金縛りを体験すると、身体が動かないのか？

先ほど、金縛りは意識をもったまま霊的次元とつながった状態と説明したが、それを別の角度から表現すると、「金縛りとは物質的な身体と自分の本質である霊体とが、少しだけズレている状態」のことである。

物質的な身体と霊体がほんのちょっとズレただけで、身体は動かなくなる。

つまり、**金縛りとは、ほんのちょっとだけ、ちょび〜っとだけ「体外離脱」して**

しまっている状態のことである。

そう、「プチ体外離脱」的な状態なのである。

じつは、これが基本的に金縛りの正体なのである。

だから、今後、あなたが金縛りを体験した、まさにそのときには……

「あ！　いま私プチってる？　これってプチ体外離脱しちゃってる？」

「あ！　いま俺、肉体と霊体がちょびっとズレちゃってるよ！」

などなどといった感じで、**金縛りにあいながらも、さまぁ～ず三村氏ふうに、自分にツッコミを入れていただきたい。**

このツッコミはとても大切である。

金縛りに遭遇している自分に対してツッコミを入れることで、**自分の状況をより**

プチってる？
これってプチ体外離脱
しちゃってる？

しっかり把握でき、しかもリラックスできる……と、いった効果があると理解しておいていただきたい。これはかなり効く。

金縛りの際には、いの一番にツッコミをお忘れなく！

そして、じつはここからうれしい情報となるのだが、先ほども少しお話ししたが、この金縛りには、とてもすばらしいチャンスが潜んでいる。

それはいったい何か？

ここで、先ほどの「金縛りは体外離脱のための準備でありトレーニング」であるという言葉を思い出していただきたい。

そうである、**金縛りの先には、なんと！　体外離脱がある**わけである。

つまり、金縛りは、すでに少しだけ体外離脱している状態なので、うまくいけばそこからス――――ッと身体を抜け出して、本格的な体外離脱を体験できるかもしれないのである。

もし幸運にも金縛りにあうことができたら……。

「お！　金縛りだ！　ラッキー！　よし、ちょっと身体から抜け出してみようかな？」と、いうことも「あり」なわけである。

金縛りからの～体外離脱！

金縛りにあったとき、体外離脱をしてみようと、頭で「身体から抜け出して上に行こう」と考えると、上には行けない。

これは1章23ページの、俺の体外離脱の経験でも書いたが、「身体から抜け出し、上に行く」には、頭で思考するのではなくそれをイメージすることが大切である。

金縛りにあったら、まずツッコミを入れる。

そして、リラックスして「自分が身体から抜け出し上に向かっていくイメージ」をする。

ぜひこれをやってみていただきたい。

うまくいけば「金縛りからの～体外離脱！」を体験できるわけである。

そして、体外離脱をして、さらにうまくいけば、霊体となったあなたの近くに浮かんでいる、**あなたの守護霊と直接会うことができるかもしれない**わけである。

しかも、この「金縛りからの～体外離脱」には、すばらしい特徴がある。

1章の「霊的会議」のところで書いたように、実際、あなたも眠っている間に体外離脱自体は何回もしている。

しかし、朝になり目覚めると覚えてはいない。

ところが、この「金縛りからの～体外離脱」は霊的会議における「眠っている間の体外離脱」とは違うところがある。

目覚めたときに、**はっきりと、自分が体外離脱をしたことを記憶したまま目が覚めるという特徴があるのだ。**

寝ていて金縛りから目を覚ました人は、「自分がさっきまで金縛りにあっていたこと」をしっかり記憶したまま目を覚ますことができる。

それと同じように、「金縛りからの〜体外離脱」から目を覚ました人は、「自分がさっきまで体外離脱をしていたこと」を、しっかり記憶したまま目を覚ますことができるのである。

この「自分が体外離脱をしたことを、はっきりと記憶している」ということは、霊的覚醒を自覚する上で、とても大切なことである。

体外離脱を体験すると、自分の本質が物質的な身体ではなく霊体であるということ。また、**本来、人は霊的な存在であり、肉体を去ったあとも人生はつづくということが実感できるようになる。**

あなたが「愛と調和」のもとに霊的覚醒を目指していたときに、金縛りのチャンスに遭遇したときには、それはかなりラッキーなことである。

金縛りは霊的覚醒、そして体外離脱に向けたトレーニングであるので、喜び安心していただきたい。

そしてリラックスしてたのしんで体験してみていただきたい。

実際、俺も何回か金縛りを体験して、そのあとに体外離脱をした。そして、そこで自分の守護霊と出会った。

そしてさらにいうと、体外離脱をすることで、霊的次元で異星人たちと会ったり、なんとやつらの宇宙船に搭乗したりするケースもあるのだ。ここらへんはまた後ほどくわしくお話しする。

ぜひ、あなたもたのしく金縛りを体験してみていただきたい。

あなたにも起こる不思議ですばらしい「霊的体験」

あなたが霊的覚醒をすすめてゆくと、霊的な能力が発現してきて、とてもすばらしい霊的な体験をすることがある。

金縛りや体外離脱の他にも、**あなたにも起こりうる霊的な体験**について、ここでいくつかお伝えしておこう。

☆フラッシュ霊視

フラッシュ霊視とは、目の前の空間に、カメラのフラッシュのように、**ほんの一瞬だけ映像が見える**ということである。

たとえば、俺のケースでは、ある後輩が何かをしている場面が、ほんの一瞬だけ目の前の空間に現れた。

同じ場面が何度も見えるので、実際にその後輩に会ったときに、その見えた場面のことを伝えてみた。

すると、後輩は「先輩！　なんでわかるのですか！」と驚いていた。なんと、その後輩は、俺が見た場面と同じ出来事を実際に体験していたのだった！

そして、俺はその後輩にその出来事への対処法のヒントをいくつか渡してあげることができたわけである。

これは守護霊たちが「霊的会議」のところで登場した「霊的ファックス」を使い、俺にその場面を見せていたわけである。

今後、あなたもほんの一瞬フラッシュのように映像が見えることがあるかもしれない。

それは、守護霊たちからの「霊的ファックス」による、あなたへのメッセージ映像だということを覚えておいていただきたい。

☆霊香《れいこう》・芳香現象

霊香・芳香現象とは、**その場には存在していないはずのいい香りがしてくる現象**である。

俺の体験では、目をつむって「地球のことを考えていた」とき、霊聴（あるはずのない声が聞こえてくること）と共にやってきた。

「Kさん！　Kさん！　Kさん！」

と、100人以上の人たちが、何やら応援している感じで、俺の名前を呼んでいる霊的な声が聞こえてきた。

すると、どこからともなく、その場にはないはずのジャスミンのような香りがしてきた。**芳香現象は花のようないい香りがするケースが多い。**

もしその場にはないはずの、花のようないい香りがしてきたら、それは芳香現象かもしれないわけである。

☆霊触《れいしょく》

霊触とは、霊的な存在たちに触れたり、触れられたりすることである。

あるとき、俺はとても大切な用事があり、地下鉄で六本木に向かった。

俺はたまたまその日、こともあろうに地下鉄の中で爆

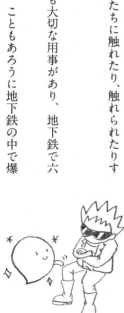

睡してしまった。
すると、誰かが、俺のひざあたりを「トントン」と優しくたたいてくださった。
それで、ハッと目が覚めると、そこはなんとちょうど六本木駅だった！
「うおおおっ！　マジ助かったぜ！　センキュ！」と思いながら、周りを見渡すと、
そこには誰もいなかった。
霊的な存在が、俺を「トントン」と触って起こしてくれたのである。
これが霊触である。

☆テレポーテーション

テレポーテーションとは、物質が瞬間的にどこか他の場所へ移動してしまうことである。

こちらも俺の実体験をお伝えしておこう。

俺は、ちょっと大きめの蛍光ペンを使っていた。それは、透明のボディに黄色の液体がたっぷり入っているのが外から見えるようになっていた。

俺はその蛍光ペンで、本に線を引きながら読むのが習慣だった。

ところが、ある朝目が覚めると、蛍光ペンのキャップがとれていた。

どうやら本を読みながら眠ってしまったらしい。

ところが、これが驚いたことに、あれだけたくさん入っていた蛍光ペンの液体が一滴もなくなっていたのだ！

「ヤベー！　布団に吸わせてしまったのか？」と思い布団を見たが、どこにも黄色の液体は見当たらなかった。

もちろん、乾いて書けなくなったというのとも違う。

一晩のうちに、たっぷり入っていた蛍光ペンの液体だけがこつ然と消えていた。

☆UFO・宇宙船目撃

じつは、進化した別の惑星の存在たちが、俺たちの守護霊をするケースもある。

そのため、**「霊的覚醒」に興味がありそうな人はUFO・宇宙船を目撃することもある。**

それは、俺が高校生のときだった。

俺は、当時のバンドのベーシストである友人と自宅の前でバンドの打ち合わせをしていた。

すると、オレンジ色の光が空をゆっくり飛んでいた。

はじめは、飛行機だろうと2人で眺めていたのだが、何やら不規則にゆらゆら揺れながら飛びはじめたので、「あれ?」と思った。

ところが、その謎の物体がいきなり、グゥイ――――ンと急激に加速しながら、鋭角にV字に方向転換をしたのだ！　さすがに、あの動きはヤバかった。

2人とも「こりゃヤベー、本物だ！」と、急いでよく見える位置まで走って追いかけた。

その物体は、そのまま飛行をつづけていたが、最後は建物に遮られて見えなくなってしまった。

この体験は後に、異星人体験（4章でくわしくお話しする）をする俺への伏線となる、印象的な出来事であった。

このように「霊的覚醒」に関係する、霊的な現象はいろいろあるわけである。

これは、実際にあなたにも起こりうることなので、知っておくと何かと役に立つことだろう。

この本では、すべての体験は書けないので、さらに興味のある方は俺のブログをのぞいてみていただきたい。

とてもシンプルな霊的覚醒3つのステップ

霊的覚醒をするためには、霊的真実を知り、自分の周波数を霊的世界の周波数に近づけていくことである。

これは、つまり**自分のものの見方や考え方を「霊的真実」にそったものに変えていく**ということである。

その「霊的覚醒」のステップとしては、次のようになる。

①霊的真実、霊的な情報を知る
②霊的視点や思考に変えていく
③それを実行していく

霊的覚醒のステップは基本的には、じつはこれだけである。とてもシンプルである。

これを、繰り返していくことで、霊的覚醒はすすんでいく。

これまで説明してきたように、霊的次元とこちらの世界では周波数が違い、同じ出来事であっても、捉え方や思考が違う。

こちらの世界の思考ばかりになると、霊的覚醒は発現しづらくなる。

逆に、あちらの霊的次元の思考になれば、霊的覚醒は自然と発現してくる。

そして、大切なのは実行することである。

知っているだけでは、周波数はさほど変わらないし、問題が解決されることもない。

ところが、ひとつの霊的真実に基づき実際に行動すると、あなたの周波数はぐんと霊的周波数に美しく整っていく。

そしてその先には、必ずステキな変化があなたを待っているので、ぜひ実行をしてほしい。

次のAとBの2つの考え方の例を見ていただきたい。

これは、霊的視点とそうでない視点とが書かれている。

たとえば、何かを手に入れたいと、考えたときに、

A. 人から「奪えば」手に入ると考えるか？

B. 人に「与えれば」手に入ると考えるか？

そしてまた、Bの場合、

A. 「うそ」でもいいから与えればいいと考えるか？

B．「まごころ」を与えていけばいいと考えるか？

この違いである。

AとBでは、その人の行いは、部分的、表面的に見ると、同じことのように目には映るかもしれない。

しかし、その人の**内側にある根底となる本質的な考え方が、まったく違う**のである。

Bのほうがより霊的次元に近い視点や思考なので、もし仮にAのような視点や思考で行動すると、霊的覚醒からは遠ざかっていく。

Bのような思考で行動していけば、霊的覚醒に近づいていくわけである。

日常生活において、自分を霊的周波数に近づけていくには、AとBの例のように、どのような選択が霊的真実に近い視点や思考なのかを、自分で判断できるようになればいい。

その基準となるのが、やはり「愛と調和」である。

霊的世界は「愛と調和」の世界なので、やはりこれが基準となる。

どちらの考え方が、より「愛と調和」があるのかを考えて判断し、行動していけばいいわけである。

霊的覚醒に関して、もうひとつお伝えしておきたいことがある。

「20歳までに霊を感じないと、霊的能力は発現しない」ということを、ときどき耳にするが、あれはただの噂であり真実ではない。

実際、俺の場合も20歳すぎてから、いろいろ聞こえたり感じたりするようになった。それまではまったく普通の人で、何も見えなかったし、聞こえなかった。ただ、ちょっと人とは考え方が違ったり、勘が冴えていたりといった感じではあったが、俺はいたって普通の人だった。

これは断言するが、霊会話や霊的覚醒には、年齢は関係ないので、安心していただきたい。

何事もそうなのだが、**変化を起こすときに大切なのは、年齢ではなく、そうなりたいと思う「気持ち」とそれに向けた「行動」**なのである。

あなたの「霊的覚醒度・チェックリスト」

次の章では、いよいよ守護霊たちとのコミュニケーションの「奥の手」ともいえる方法を解説していく。

その前に、**いまの時点での「あなたの霊的覚醒」をちょっとチェックしてみてもらいたい。**

さて、あなたは、それぞれの質問に対して、Aと思考するだろうか？

それともBと思考するだろうか？

Q1. 心がもやもやするときは……

□A. 変化のチャンスが到来、守護霊たちが大切なことを伝えてきている

はーい。
じゃあ、「霊的覚醒」具合を
はかりますね～。
力入れないでくださいね～

□B．なんか、気持ちわるいし、イヤだなぁ～

Q2．あなたにとってイヤだと思う人は……

□A．自分に大切な何かを知らせてくれている人である

□B．うぜー、かんべんしてくれ～

Q3．ちょっと考えられないようなハプニングが起きたら……

□A．お！　何かいいことが隠されているぞ。それを探す

□B．ちょっと～マジねーよそれ！　なんで、自分がこんな目にあうんだよ～

Q4．「霊的覚醒」「守護霊との会話」ってどうなの？

□A．いろいろ知っていけば、コツもあり意外とカンタン

□B．ひえ～むずかしそ～許して～

Q5．自分の仕事や人間関係や人生がうまくいかないときはどうする？

□A. 自分の中に原因を探し、そこを変えていく
□B. もち、自分はわるくない、相手や環境のせいだよねー

Q6. あなたは、見えない存在たちに守られてる？
□A. 私はたくさんの守護霊、天使、異星人、妖精、女神たちに守られている
□B. 見えない……ってことは、そんなの、いねーんじゃね？

Q7. 「相手の立場になって考えてごらん」など、人から言われたくないことを指摘されてしまったときどう思う？
□A. そういうことを言われるってことは、自分はまだまだ充分できてないかも
□B. 「そんなこと知ってます！」「もうすでにやってます！」

Q8. 机の角で思いっきり足をぶつけてしまったら……
□A. イタタタ！ いま、自分は何かよくないことを考えていたのかも
□B. イタタタ！ 足がもげる〜足がもげる〜

Q9. あなたは「金縛り」になった、さてどうする？

□A. お！ ラッキー！ 体外離脱にチャレンジしてみようかな？

□B. ひえ〜〜、ひえ〜〜、なんじゃこりゃ〜

Q10. 何か不快な思いをしたということは……

□A. 自分がいつかどこかで出したエネルギーが巡り巡って返ってきたのかも……

□B. じつに、ハラが立つ〜

Q11. あなたには霊的な能力があると思いますか？

□A. 私は霊的な存在でもあるので、私の中に普通に備わっている

□B. えええっ！ 霊的な能力なんてないよ〜！

さて、どうだっただろうか？

もうすでにおわかりかと思うが、Aの答えが霊的真実を知っている人の答えであ

り、霊的覚醒に近づく視点・思考である。

そして、Bの答えが、その逆である。

ここに書いてある項目だけでも、**ご自身の視点・思考をひとつ変えれば、その分だけ霊的周波数に近づき、霊的覚醒がすすんでいく**わけである。

それでは、次の章からさらに具体的な、そしてちょっと不思議な「守護霊とのコミュニケーション方法」を解説していこう。

3章

実録！
読むほどに、
シンクロニシティが起こる理由

シンクロは守護霊からのメッセージだった

ここまで、何度かシンクロニシティという言葉が出てきた。

この章でくわしくお話ししよう。


シンクロニシティとは、もともとはスイスの精神科医にして、心理学者のカール・G・ユングが提唱したものである。

ユングは「偶然に一致する出来事には意味がある」とした。


そして、このシンクロニシティを体験すると、

「この出来事はいまの自分の心境と関係しているな……」

といったように、そこに「意味深い心理的な関連性」を感じることができるとしている。

シンクロとは、あなたの夢をかなえてくれる、ドラ○えもんの「秘密道具」的なものである！
伏せ字になってねーぞ！

さらにユングは、**「シンクロニシティは心の世界と物質の世界をつなぐもの」**であると言っている。

ここで、ピンときた方も多いだろう。

守護霊たちの声は自分の内側に響く声である。

そして、守護霊たちとあなたの会話は、**「あちらの世界」と「こちらの世界」で行われる。**

つまり、シンクロニシティは、あなたと守護霊をつなぐものになりうるわけである。

そして、これは霊的真実だが、じつはこの**シンクロニシティは、守護霊たちが起こしてくれている**のである。

いままで話してきたとおり、守護霊たちは、あなたの「進化」「成長」「霊的覚醒」のサポートをしてくれている。

そして、必要なときにはいつもひらめきやインスピレーションを使い、あなたの頭の中に直接アドバイスをしてくれている。

しかし、守護霊たちには物質的な口がないので、そのアドバイスやメッセージを声に出してあなたに伝えることはできない。

となると、せっかくのアドバイスやメッセージが、あなたに気づいてもらえないこともある。

そんなとき守護霊たちはどうするのか？

ここで登場するのが、このシンクロニシティなのである。

シンクロニシティ（以下シンクロ）こそが、あなたと守護霊たちとをつなぐ、もうひとつの通信手段なのである。

実例をたくさん知ればシンクロに気づける

シンクロはじつにいろいろな場面で起きているのである。

そして、**あなたの人生にも、これまでにかなり多くのシンクロが起きていた。**

「え？　私の人生にも、たくさんシンクロは起きていたの？」

と、感じたあなた！

そうである。じつは、かなり多くのシンクロが、あなたの周りでも起きていた。

いままでは、気づかなかっただけなのである。

では、どうすればその出来事が起きたときに、「あ！　これはシンクロだ！」と、気づけるようになるのか？

じつは、これにはコツがある。それは……、

シンクロの実例をたくさん知ること。

実際に起こったシンクロの実例をたくさん知っていれば、それと似た出来事が自分にも起こったときに、「あ！　これはシンクロだ！」と自然と気づけるようになる。

だから、この章では、シンクロの実例をたくさんお伝えしよう。

不思議な偶然の一致、つまり、**シンクロを体験することは、ちょっと神秘的であり、それでいてたのしい。**

しかし、ここでひとつ忘れてはならないことがある。

それは、あなたを驚かせたくて守護霊たちはシンクロを起こしているのではなく、**あなたに伝えたいことがあってシンクロを起こしている**ということである。

守護霊たちはシンクロを使い、偶然に一致する出来事を起こすことで、あなたにアドバイスやメッセージを伝えようとしているのだ。

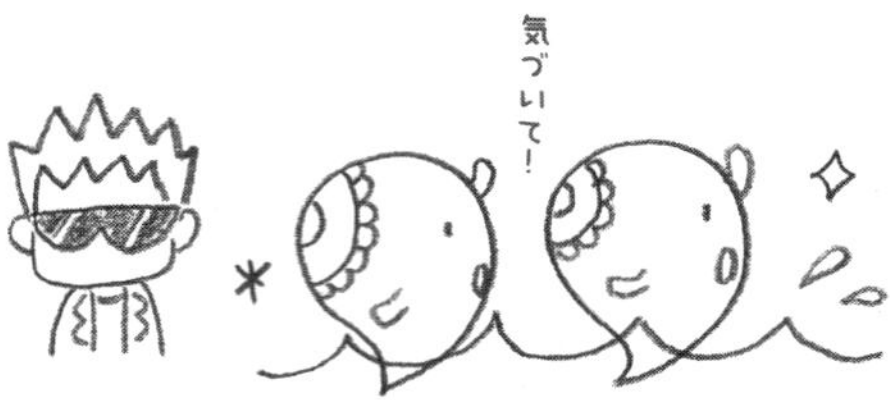

つまり、偶然に一致する出来事であるシンクロには、守護霊たちからのアドバイスやメッセージが必ず隠されているわけである。

そして、シンクロとして**起こった出来事の意味を読み解くことで、守護霊があな**

たに何を伝えようとしているのかを知ることができる。

実際にシンクロを体験したり、気づいたりすると、やはりこれはとてもうれしい。しかし、シンクロが起こったときに「おおおっ！ すごい！ 偶然の一致だ！」と、喜ぶだけだとしたら、これはかなりもったいない。

大切なのは、そのシンクロに気づき、守護霊たちからのアドバイスを読み解き、そしてそれを実行することである。

なので、シンクロが起こり「おおおっ！ すごい！」と、ひととおり喜んだら……

この出来事にはどんなメッセージや意味があるのだろうか？

と、まずこれを考えてみていただきたい。

シンクロの一連の流れをまとめると、次のようになる。

「シンクロが起こる」↓「まずは喜ぶ」↓「シンクロを『解読』する」↓「守護霊からのアドバイスを受け取る」↓「そのアドバイスを実行」↓「うれしい結果やプレゼントが！」↓「守護霊たちにセンキュー！ ベイベ！ と伝える」

「え？　自分に起こったシンクロを読み解く？　なんだかむずかしそう……」と、思った方もいるだろうか。でも、大丈夫！

じつは、**シンクロはある一定のパターンで起きていて、その解読法にもいろいろとコツがある。**

それを知っていけば、あなたもシンクロにたくされている守護霊たちのアドバイスやメッセージを読み解き、自分の人生にいかせるようになる。

それではこれから、俺が実際に体験したシンクロの実例を使って、シンクロのパターンと解読のコツをお伝えしていこう。

「な・ん・と・な・く」気になることの意味

シンクロは、日常のなにげないちょっとした出来事として起きている場合が多い。

このなにげない日常の出来事に対して「これはひょっとしてシンクロ？」という

視点をもつことから、「シンクロ解読」がはじまる。

たとえば、街で**「な・ん・と・な・く」目にした看板や、広告の文字や言葉がやたら気になる**といった場合がある。

こういった文字や言葉は、じつは守護霊たちからのメッセージであり、シンクロである場合が多い。

そのシンクロを解読してみると、**その文字や言葉がそのときのあなたが置かれている状況や心境と見事にシンクロ（一致）している**ことがわかる。

しかし、そのシンクロに込められた守護霊たちからのアドバイスやメッセージを、いったいどのように解読すればいいのだろうか？

そして、それをどのように実際の生活にいかしていけばよいのだろうか？

それでは、俺が実際に体験したシンクロの実例を使ってこれを解説していこう。

俺が音楽家になるために上京し、東京に住んでいたころのことである。

俺の住んでいた部屋の近くには、とあるチェーン店のうどん屋があった。

その当時、そのうどん屋の入り口には1枚のポスターが貼ってあった。

そのポスターには「期間限定・すだちうどん」と書かれていた。

この「すだちうどん」の「すだち」とは、あのミカンに似た柑橘《かんきつ》類の「すだち」のことである。

俺は、ほぼ毎日その店の前を通っていたのだが、ある日をさかいに、その「すだちうどん」のポスターが「な・ん・と・な・く」気になりはじめていた。

このように、**「なんとなく気になる」とか、「やたら目につく」というのはシンクロである。**

じつは守護霊が「お～い、この看板の文字、見てちょーだい」と語りかけてくれているのである。

すだち・うどん
すだち
ジュース
いまなら無料で「すだち」をお配りしていまーす

それ以来、この「すだち」の文字のシンクロが、頻繁に起こりはじめた。

ことあるごとに「すだち」の文字が目に入ってきたり、なにげにテレビをつけると、「すだち」を栽培している農家の様子までもが映し出されていたりもした。

「おおっ！　これは確実にシンクロがきてるな」と思い、少しうれしくなった。

この「すだち」のシンクロには、いったいどんな意味があるのだろうかと、考えてみた。

しかし、そのときの俺にはとくに思い当たる節もなく、その「すだち」になんの意味があるのかわからなかった。

ところが、その数日後、驚くべき出来事とともに、その「すだち」の意味がわかったのだった！


その日、大家さんが俺の部屋に来てこう言った。

「1か月以内に部屋を空けてほしい」

つまり引っ越してほしいということである。

さすがにこれには俺も一瞬驚いて、「ええっ？　1か月？　ちょっと早くね？

マジで？」と思った。

しかし、次の瞬間「あ！　そういうことだったのか」と、すべての謎が解けた。

この引っ越しの話を聞いて、俺はあの「すだち」を思い出した。

あの頻発していた「すだち」のシンクロは、この出来事を知らせてくれていたのだ！

つまり、「すだち」のシンクロを「語呂合わせ」を使って解読すると、「すだち」

↓「巣立ち（すだち）」となる。

巣立ちとは、鳥のひながいままで棲《す》んでいたところをはなれることである。

これは、まさに「引っ越し」のことである。

守護霊は事前に「すだち」というこのシンクロを起こして、俺に「引っ越し」が起こることを知らせてくれていたのだ。

そして、この「すだち」のシンクロは守護霊たちが俺に、

「すだちのときが近づいているんで、安心して巣立ちなよ！」

というようなメッセージとして教えてくれたと、読み解いて受け取った。

このような**シンクロが起こるときは、守護霊たちがしっかりサポートしてくれているときであり、何も心配ない**ということを、これまでの体験から俺は知っていた。「すでに俺が次に住むであろうよい部屋が、守護霊たちによって用意されているのだな」と俺は考えた。

俺は大家さんからの申し出を受け入れ、「わかりました、ちょっと急ですが、なんとかします」とその場で告げた。

そして、その後どうなったのか？

俺は、守護霊が俺にどんな部屋を用意してくれたのかを、ちょっとたのしみにしながら、すぐに部屋探しをはじめた。

俺の部屋探しは、とてもこだわりがあってけっこういつも大変なのだが、なんと！　俺の条件をほぼすべてクリアする、駅近のマジでとてもいい部屋が見つかったのだ。

守護霊たちと大家さんに「ありがとう」と心から感謝した。さらに守護霊たちには改めて「センキュー！　ベイベ！」と、お礼を伝えておいた。

やはり、守護霊たちがすでに部屋を用意してくれていたわけである。

よい流れを見過ごさないコツ

ここでひとつ考えてみていただきたいことがある。

もし俺がこの「すだち」のシンクロに気づかずに、大家さんに「ちょっと急すぎですね、無理です」とか「ちょっと、これはないのでは？」的な態度をとっていたら、どうなっていただろうか？

うれしい結果どころか、下手したらトラブルになっていたことだろう。

せっかくの、よい流れをふいにしてしまっていたかもしれない。

しかし、そうならないように守護霊はメッセージを送ってくれていたわけである。

「ええええっ！」という出来事が起きたときに、**ハラを立てず、「これはシンクロかも？　ラッキーかも？」という視点をもつことが大切**なのである。

守護霊たちは、この人生の流れに「こっちへ行くといいよ！」と、あなたの頭の中に語りかけたり、シンクロを起こして知らせてくれているのである。

そして、それを正しく見極めることも大切なのである。

このようなシンクロは、あなたの人生においても必ず起こっている。

「ちょっと身に覚えがないなあ」という場合、じつは、ただ見過ごしてしまっていただけなのである。

「え？　私にもシンクロがあったの？　ホントに気づかなかっただけなの？」とお思いの方もいるかもしれないので、**いまからここで実際にそれを証明してみせよう。**

それでは、ここで1章の73ページの4行目のところから3ページほど、もう一度読み返してみていただきたい。

いま、そこを読めばきっと何かに気づくはずである。

どうだろうか？　何かに気づかれただろうか？


この「霊的会議」のところで、あなたは映画「鏡の国のアリス」を観た。

そしてその後、手にした本に「あなたの姿を〝鏡のように〟映し出してくれている」という文章に出会っている。

そうである！　これがシンクロニシティなのである！

なにげなく観た映画に「鏡」が、そしてそのあとに開いたページにも「鏡」の記述があった。

これは「鏡」のシンクロなのである。

「相手はあなたの鏡である」ということに気づいてもらいたくて、守護霊が「鏡」のシンクロを起こしてくれていたのである。

じつは、「な・ん・と・な・く」観た映画にもこのよ

うな霊的背景があったのだ。

どうだろうか。

もちろん一番はじめに読んだときに、この「鏡」のシンクロに気づかれた方もいることだろう。

しかし、このシンクロを見過ごしてしまっていた方もいるかもしれない。

これは、**あくまでこの本の中でのシミュレーションではあるが、実際にシンクロの見過ごしは、このような感じで起こるわけである。**

問題の解決のヒントを教えてくれる

よく「すべての出来事には意味がある」といわれることがある。

たしかにそのとおりではあるが、「その言葉を知っている」ということで終わってしまっていたとしたら、それはかなりもったいない。

「すだち」のシンクロからもわかるように、すべての出来事に意味やメッセージがあるのならば、その出来事にはどんな意味があるのか読み解き、それを実行することが大切なのである。

また、日常的に起こるシンクロには、**自分がクリアすべき「人生の課題」や、自分が直面している「困難な問題」と絶妙にリンクしている**ケースが多い。

なぜなら、あなたが直面している人生の課題を、守護霊たちはひらめきやシンクロを使い、アドバイスやメッセージを届けてくれているからである。

なので、「自分はこの出来事から何を学べばいいのか?」の姿勢で、その出来事からなんらかの教訓を引き出すことが大切である。

シンクロは意味を読み解くことで、実際にとても役に立つものとなる。

だから、**「すべての出来事には意味がある」からもう一歩すすみ、「この出来事にはどんなメッセージや意味があるのだろうか?」**をしっかり考えていただきたい。

そして、守護霊たちからのアドバイスを解読し、「愛と調和」のもとに実行することが大切なのである。

すると、目の前の問題を解決できたり、自分自身もさらに成長できるようになるわけである。

うれしい系ハプニング型シンクロ

このように、自分の身に起こる出来事というものは、守護霊たちからのメッセージであり、なんらかの意味があって起きている。

とくに、これからご紹介する「ええっ！」となるハプニングにこそ、大切なメッセージやプレゼントが隠されているケースが多い。


このハプニングという形で起こるシンクロを「ハプニング型シンクロ」という。

このハプニング型シンクロには、いくつか種類がある。

それでは、まずは、俺が実際に体験したシンクロの実例を使って、このハプニング型シンクロを種類ごとにお伝えしていこう。

まずは、ちょっとうれしい出来事が起こる「うれしい系ハプニング型シンクロ」。


そのときの俺は、ちょっとした「人生の課題」に直面していた。

霊的覚醒後は、だいたい自分に起こる出来事は、どうクリアすればいいのかわかるので、たいていの課題はスムースに解決していた。

しかし、そのとき直面していた課題は、かなり前向きに取り組んでいたのだが、けっこう手ごわく、なかなかクリアできずにいた。


その日、俺は朝食の準備をしながら、その直面している問題について考えていた。

「なんでうまくいかねーんだ？　いったい、俺の何がワリーってんだよ……」

すると、ここで驚愕《きょうがく》の！　なんと！　奇跡が起こった！

なんとも「粋」な方法で、守護霊がヒントをくれたのだ！

いったい何が起こったのか？

そのとき、俺はフランスパンの上にのせたハムに、マヨネーズをかけようとしていた。なんと！ そのマヨネーズが、このときの俺にヒントをくれたのだ！

「俺の何がワリーってんだよ……」と、考えながらマヨネーズをひねると……ちょっと力が入ってしまったのか、マヨネーズが「ぶにょ〜〜っ！」と勢いよく、一気に出てしまった！

一瞬「うおっ！ ヤベ」っと思った。

しかし！ 次の瞬間、俺はさらに驚いた！

勢いよく飛び出したマヨネーズが、**なんと、きれいな「ハートの形」になったのだ！**

「おおおおっ！ スゲー！ マジでか！」と、思わず俺も喜んだ。

そして、「しかし、面白いシンクロだな」と思いながらも、俺はすぐに、このシンクロの解読をした。

これはどういうことか？ 俺が直面していた問題で、「いったいどこがワリーの

おおおおっ！
スゲー！
マジでか！
喜んだあとは、
レッツ♪
シンクロ解読！

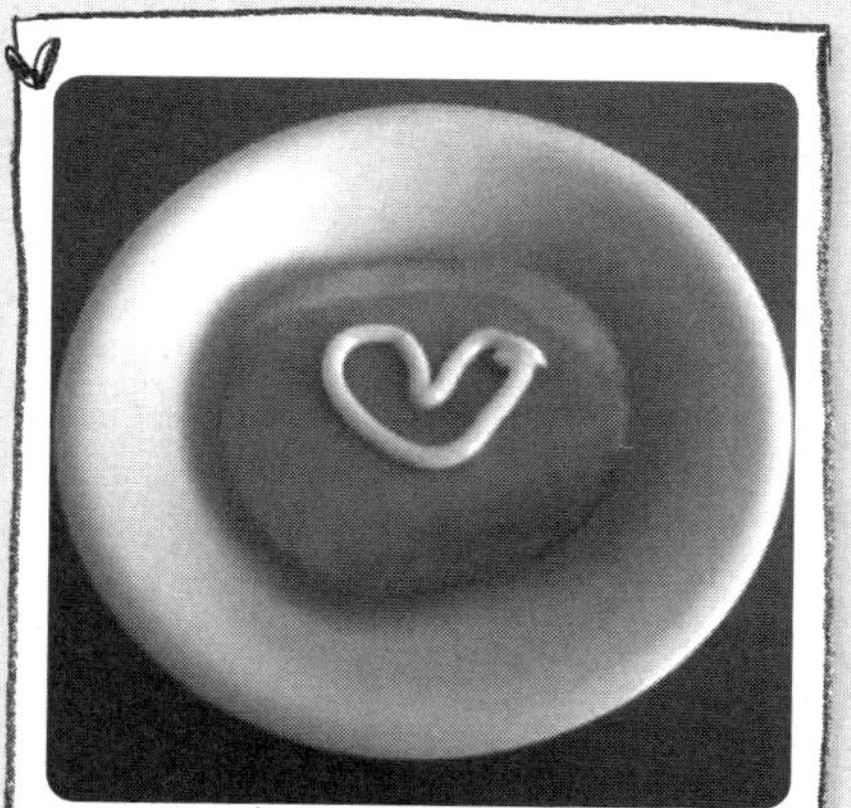

これがそのときの実際の写真。
ど？　ちょっと感動したので
思わず写真を撮ってしまった

か？」という問いに対して、

守護霊は、マヨネーズでハートの形を示して「愛がたりないよ！」と、俺に教えてくれたわけである。

喜びながらも、「イタイとこつかれちまったな」と感じた。

そこで、もう一度冷静にその直面している問題を考えてみた。

すると、やはり「もうちょっと愛情のある対応をしたほうがよかったかな」と、思えてきた。

このとき、**俺の考え方が変わり、それと同時に自分の周波数がスッと変わり、気持ちが楽になった**のを感じた。

そして、それ以降はその問題の対応の仕方も「より愛情のある対応」を教訓として心がけた。

すると、そこからよい方向に流れが変わり、その問題をすっかりクリアすることができたわけである。これにはとても助けられた。

俺は「マジありがとうな」と、守護霊にお礼の気持ちを伝えた。

イタイ系ハプニング型シンクロ

「あ！　イテー！」

「アウチ！　イタタタタッ!!」

机のかどに足をぶつけてしまった……といった感じのイタイ出来事。

こういう出来事は、あなたも実際に何度か体験したことがあるだろう。

じつは、**このイタイ出来事もシンクロだったのである。**

このタイプのシンクロは、なんらかのイタイ出来事を通じて守護霊たちからメッセージが届けられるので、「イタイ系ハプニング型シンクロ」という。

それでは、ここで俺が実際に体験した例をお伝えしよう。

そのときの俺も、やはりある人生の課題に直面していた。

そして、その問題のことを考えながら夕食の準備をしていた。

出来上がったみそ汁をおわんによそいながら、その問題をどうしようか考えていた。

ところが、その問題を考えるのがめんどうくさくなり、

「ま、いいや！　ほったらかしにしとけ！」

と思いながら、みそ汁を部屋のテーブルに運ぼうとした……そのときであった！

「うわおおおっ！　アッチ！」

おわんの熱々のみそ汁がこぼれ、俺の手にもかかりながら床に飛び散った。

じつは、俺は「食べ物は大切にする」というポリシーがあるので、これにはそーとーショックを受けた。


しかし、次の瞬間「くっそ～あいつ（守護霊）だな」と即座に理解した。

俺はこれまでの体験から、こういうイタイ出来事は守護霊が、俺のために起こしてくれていることを知っていた。

このイタイ出来事が起きたのはなぜか？

それは、俺が直面している大切な問題に対して「ま、いいや！　ほったらかしにしとけ！」と、**よこしまなことを考えていたから**である。

そんな俺を見て「それはアカンよ！」と守護霊が教えてくれたのである。

「わかった！　わーったから！　もうやめてくれ！　俺がワルかった！　へこむ……しかもカーペットの上。せめてフローリングの上にしてくれ。くっそ」

俺は守護霊に文句を言いつつも、大切な問題を丸投げにした自分の非を認めた。

そして、守護霊に「教えてくれてありがとう」とお礼を伝えた。

ぶっちゃけ、イタイ系のシンクロはちょっとハラが立つ。

しかし、守護霊たちは、とても大切なことのときに、こういうシンクロを起こしてくれている。

だから、本当は俺はやつらに文句を言いつつも、じつはとても感謝している。

ちなみに、自分から問題に取り組んだり、よこしまな考えをもたなくなると、このイタイ系のシンクロはもちろん起こらなくなる。

ありえない系ハプニング型シンクロ

いままで見てきた「ハプニング型シンクロ」は、日常的な場面で起こるシンクロであった。

次にお伝えするのは「ありえない系ハプニング型シンクロ」である。

これは、**思わず「えええっ！　マジ？」と、ちょっと普通では「ありえないようなめずらしい出来事」からくるシンクロ**である。

では、俺の実際の体験をお伝えしよう。

学校を出てまもなく、ちょうどシンクロが多発しはじめたころの話である。

知人から誘われて「踊りを舞う気功家」の舞を見にいったときのこと。

その知人はなぜか、その気功家と会食することになったので、俺にも来ないかと誘ってきた。

知人は、その気功家とまったく面識がなかったのに、とても不思議な展開である。

俺はこの「ありえねー展開」が面白かったので、もちろん参加することにした。これは何かシンクロが起こるかも……と思った。

当日、そこには6名ほどの人が集まっていて、地球環境のことなど話し合った。

その後、会食が終わり、帰ることになった。

参加者のひとりが、たまたま俺と同じ方向だったので、俺を車で最寄《もよ》り駅まで送ってくれることとなった。

車内では、お互いに話が合ったので、盛り上がっていた。

そうこうする間に「駅に着きましたよ」と言われたので、「どうもありがとう」とお礼を告げ車を降りた。すると……。

「なぬ――――っ‼　ありえね――――‼」

なんと、まったく俺の最寄りとは違う駅だったのだ。

しかもここからだと、かなり遠い！

この思わぬハプニングに、一瞬あせったが、次の瞬間、俺は「キター！　これはシンクロがキタな！」と、感じた。


こういった思わぬハプニングというものは、じつはシンクロなのである。

このときは、ありえない会食からはじまっていた一連の流れだったので、これはシンクロだという確信もあった。

そして、**「えええっ！」となる出来事ほど、そこにはなんらかのプレゼントが隠されているのである。**

俺はそのことを知っていたので、ハプニングに遭遇しながらも「ここにいったいどんなプレゼントがあるのだろうか？」と、たのしい気持ちになってきた。


そこで、ふと見ると、目の前にパルコがあった。

「な・ん・と・な・く」気になったので、パルコに入っていった。

するとそこに……なんと！

「おおおっ！　ず〜〜〜〜っと探していたものが、ついに見つかったぜ！」

それは、以前からずっと探していた、映画「ゴッドファーザーPART3」のポスターだった。

これが欲しくてたまらなかったのだが、街中探してもどこにも置いてなかった。

このときたまたま、パルコのイベントで映画ポスター展が開催されていたのだった。

そして、俺を車で送ってくれた方が、最寄り駅を「間違えた」というこのハプニングが、俺とそのポスター展を引き合わせてくれたわけである。

ここで、161ページからの「すだち」のシンクロを、もう一度思い起こしていただきたい。

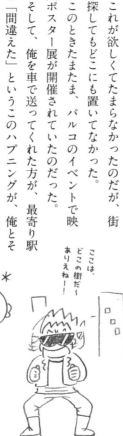

じつは、あのシンクロもこの「ありえない系ハプニング型シンクロ」である。

大家さんから、いきなり「1か月以内に部屋を空けてほしい」と言われたら、やはり、一瞬「えええっ!!」となる。

しかし、そのおかげで「とてもいい条件の理想どおりの部屋」が見つかったわけである。

このように、**一瞬「えええっ!!」と思うハプニングには、じつは守護霊たちからの、うれしいプレゼントが隠されている**わけである。

今回の例も、「すだち」のシンクロも、「プレゼント型シンクロ」ともいえる。

プレゼント型シンクロの例は、ブログでも書いているが、欲しい、必要、と思った新型の録音機材をシンクロによって、手に入れることができたこともある。

守護霊たちは、このようにシンクロによって、**あなたが欲しかったものを手に入れるチャンスをくれたり、望んでいたことをかなえてくれたりする**こともあるのだ。

ハプニングのとき、何を考えていたのか？

ここまで、「うれしい系ハプニング型シンクロ」「イタイ系ハプニング型シンクロ」「ありえない系ハプニング型シンクロ」と、お話ししてきた。

ここで、ハプニング型シンクロの読み解き方のコツをお話ししよう。

まずは、ハプニング型シンクロの「うれしい系」と「イタイ系」。この2つのタイプのシンクロは、同じ方法で解読ができる。

「うれしい」とか「イタイ」ハプニングが起こると、たいていは、「うおお！　スゲー！」と喜んだり、

「イテー！　くっそ！」とショックを受けたりと、そちらに意識がいってしまう。あまり、そこに意識がいってしまうと、解読をすることを忘れてしまうので、まずはここを注意していただきたい。

何より、**「そのハプニングが起こったときに、自分が何を考えていたのか？」**、ここに注目していただきたい。

まず、「そのとき起きたハプニング」と「そのとき自分が考えていたこと」を、思い浮かべる。

そして、「このシンクロのメッセージとは何？」と、頭の中で守護霊に問いかけながら、その解釈を考えていただきたい。

すると、**ひらめきを使って守護霊が語りかけてくる**ので、そのシンクロの解釈が浮かんでくるわけである。

それが自分がそのときに考えていたことと関連があったり、ずばりヒントになったりする言葉や考えだったら、それが守護霊たちからの言葉であり、シンクロの解釈となるわけである。

もちろん、この方法は「イタイ系」のときだけでなく、より具体的な言葉やフレーズによるアドバイスが欲しいときにも使える。

そしてぜひ、知っておいていただきたいのだが、**このようなシンクロが起きるときは、守護霊があなたをしっかりサポートしているとき**なのである。

だから、普段よりも守護霊の声であるひらめきを受け取りやすい状態になっている。

あなた「やっぱり、あの考え方がいけなかった?」

守護霊「そう、それ!」

と、いった感じにコミュニケーションがしやすい状態なのである。

なので、**何回か守護霊に問いかけているうちに、必ずひらめくようになり、はっきりとわかるようになる**のである。おすすめである。

「ありえない系」の解釈のコツも、まずは、「えええっ!!」という出来事にとらわれすぎないようにするのがコツ。

ときには、あまりに「ありえねー」出来事に、ハラが立ってしまうかもしれない。しかし、そんなときには「いかん、いかん、これはラッキーなプレゼントがあるかもしれない」と思い出す。

あなたの身に起こることは、あなたにとって必要だから起こるのである。

次に、周りを見渡してみて、なんとなく気になることを、「愛と調和」のもとに行動していっていただきたい。

すると、先ほどの実例のように、「いい部屋が見つかる」「探していたポスターが見つかる」といった、守護霊たちからのプレゼントに辿《たど》り着くわけである。

すぐに見つかる場合もあれば、日数がかかる場合もあるので、たのしみに行動していっていただきたい。

ぞろ目は「見守ってるよ」のサイン

シンクロを意識することで、あなたのもとに頻繁にシンクロは起こるようになる。

その、**シンクロの初期段階で起こること**がある。

それは、「数字の一致シンクロ」である。

俺が上京する前、霊的覚醒のごく初期のころのことである。

当時、俺は **「この世界にはなんらかの見えない存在がいて、見えない力が存在している」** と、感じはじめていた。

そして、俺がそういう意識になりはじめたころから、あるシンクロにどんどんと気づきはじめるようになった。

それが、「数字の一致シンクロ」であった。

ふと時計を見ると **「1：11」と数字がぞろ目でそろっているのだ。**

俺もはじめのうちは、「お！　ぞろ目だ！　数字がそろった。なんかいいことあるかな？」と、ただ単に喜んでいただけだった。

しかし、日ごとに「5：55」「2：22」と**ぞろ目を見る頻度がどんどん増えてきた。**

すると、やはり「これはちょっと偶然にしてはおかしくね？　何か意味があるんじゃね？」と、考えるようになってきた。

そして、さらなる不思議なぞろ目のシンクロが起こった。

それは真夜中に起こった。

その夜、俺は普段どおりに眠っていたのだが、急にパッと目が覚めてしまった。

眠たい目をこすりながら、ふと時計を見ると、そこにもやはり「2：22」とぞろ目が表示されていたのだ。

起きているときならともかく、眠っていてパッと目が覚め時計を見ると、ぞろ目だったのだ。これにはさすがに俺も驚いた。

「ああ……ここまでくるとこれはもはや単なる偶然ではないな」

これは自然に目が覚めたというより、俺は何者かに起こされているのだなと感じるようになった。

そしてやつらは、**このぞろ目シンクロを通じて、俺に「何かに気づけ」と言っているのではないだろうか**と思いはじめた。

そんなある日、さらなる驚愕の出来事が起こった！

それは、友人と車に乗っているときのことだった。

俺は運転をしながら友人に、最近ぞろ目をよく目にするというシンクロの話をしていたときのこと。

俺は運転をしていたので走行中は前を向いて運転に集中していた。

ところが、信号待ちのときに、ふと車内の時計を見ると、その時計の表示は、なんとも「1：11」であった。

ちょうど友人とぞろ目の話をしていたところである。

ここからが本題である。さらに驚くべき現象が起こった。

いきなり脇道から1台の車が、俺たちの車の前に入り込んできた。

いきなり目の前に現れたその車のナンバープレートが、「11－11」と、ぞろ目であったのだ！ これには友人もマジで驚いていた。

これは、まだ車のナンバーに「希望ナンバー制」が導入される前の話である。

こんなことが起こる確率はいったいどれくらいなのだろうか！

この一連の驚愕のシンクロを体験した俺は、「これは絶対に偶然ではない！」と確信した。**目には見えないやつらが俺に何か重要なことに気づけといってきている、**という結論に至ったのだった。そしてその結論はなんともズバリ的中していた。

俺はこの出来事の後に、数々の驚くべきシンクロを体験して、守護霊、天使、異

星人、妖精、女神たちの存在を知ることとなった。

シンクロの初期段階では、守護霊たちの画策でこのような、ぞろ目シンクロを起こしてくる。

おそらくこの本を読んでいる方の中にも、ある一定の期間に何回かぞろ目を見るといった、経験をした方がいるだろう。

じつは、それは、
守護霊や天使たちが、「私たちの存在に気づいてちょうだい」と、あなたにもアピールしてきていたのである。
そして、ぞろ目シンクロをまだ体験していない方であっても、この本を読みはじめた直後あたりから「なぜだか、ぞろ目をやたら見るようになってきた」といったことが起こる。
その場合も、**守護霊や天使たちが、あなたに、自分たちの存在に気づいてもらいたくてぞろ目を見せてくれている**のである。

そう……あなたの守護霊や守護天使たちは、「あなたがやつらの存在に、気づくのを待っている」のである。

「語呂合わせシンクロ」で天使からのメッセージ

このようにシンクロニシティの初期段階では守護霊たちから、数字でシンクロが届けられる。

数字が「111」「777」とぞろ目であったり、「123」「567」と順並びだったりする。

ところが、シンクロがすすむと、これがさらに発展してくる。

たとえば、その人がタロットなどのカードをもっている場合には、そのカードの番号のシンクロを起こしてメッセージを届けてくることもある。

そして、さらには**数字のシンクロが「4649（ヨロシク）」「0840（オハヨ**

オ)」など「語呂合わせ」のメッセージになってくるのである。
この語呂合わせに気づくことが、シンクロ解読のコツなのである。


それでは、実際に俺の体験した「語呂合わせ型シンクロ」の実体験をご紹介しよう。

当時、俺は天使に興味をもちはじめていた。

本などから、「世界各国で天使と遭遇し、奇跡的な体験をしている人がたくさんいる」ことを知った。

そして、その当時、俺自身も先ほどのぞろ目シンクロなど、不思議な体験をいろいろしていたので、**ひょっとしたら「シンクロは天使が起こしているのでは?」**と、考えるようになっていた。

そんなある日、見知らぬ人から電話がかかってきた。

どうやら、バンドのことで一度、俺と話をしたかったらしく、俺の別の友人から電話番号を教えてもらい、かけてきたとのことだった。

やつとは話が合い、その電話で友人となった。

そして、数日後、俺はその友人からすすめられたCDを、街の輸入CDショップへ買いに行った。

トニー・マカパインの「マキシマム・セキュリティー」という、歌のないギター・インストゥルメンタルのアルバムである。俺はギター・インストのCDを初めて買った。

そして、部屋に戻ると、早速聞いてみた。

「れ？　なんじゃこりゃ？　おいおい！　待てよ！」

驚いたことに、曲調もまったく違うし、そもそもインストなので歌は入っていないはずなのだが、いきなり誰かが歌ってやがる！

俺はCDをデッキから取り出して確認してみた。

ジャケットは間違いなくトニー・マカパインなのだが、なんと中身のCDは、アイルランドのバンドU2の「October」というCDだった。

新品を購入したので、きちんとキャラメル包装までされてあったのに、こんなことが起こったのである。これはまさに奇跡的なハプニングである！

翌日、俺は購入した店の人に事情を説明して取り替えてもらった。

びっくりしたが、俺はこのとき思った。

「いや、待てよ、これは、ありえない出来事だな……これはシンクロだな」

この出来事には「どんな意味があるのか？」を推理してシンクロを解読してみることにした。

「U2のOctoberか……Octoberは〝10月〟の意味で、そして〝U2〟か……数字を抜き出すと、〝10〟と〝2〟……つまり『10月2日』。う〜んこれかな」

などと考え、結局「10月2日」に何か意味があるのではという解読に至った。

そして、この先の展開を、ひそかに期待しはじめていた。


すると、そこにまたまたシンクロが起こりはじめた。

このころから、「とうふ」という言葉をやたら目にするようになった。

ふとテレビをつけると「とうふ」の番組、ということもあった。

「どうして『とうふ』なんてものがシンクロするのだろうか」と思いながらも、この「とうふ」シンクロの解読もしてみた。

まず、「とうふ」を「とう」と「ふ」に分けてみた。
これを語呂合わせで考えると「10」と「2」になることに気がついた。
なんと「とうふ」のシンクロも「10月2日」を表していたのだ！
そして、俺はますます「10月2日」には、何かの意味があると確信を深めた。
しかしながら、「10月2日」には、いったいどんな意味があるのだろうか？

そして、ついにこの一連のシンクロは驚愕の結末を迎えることとなった。
寄り道して通りかかった本屋で「天使の本」を見つけ、手にとりパラパラ見ていた。
すると！　なんと！　そこに……驚いたことに！
「10月2日は、守護天使の日」ということが書かれていた!!
正直これにはちょっとビビッた。

いやマジで、いやホントびっくり！　流れを整理すると次のようになる。

- 「偶然の一致は天使が起こしているのでは？」と俺が考えはじめる
  ←
- 新品なのにケースと違うＣＤが入っているという奇跡的なハプニングが起こる
  ←
- 間違って入っていたＣＤのＵ２の「October」から読み解き、「10月２日」に意味があるのではと仮説
  ←
- 同時期に「とうふ」のシンクロが頻発
  ←
- とうふの言葉から読み解き、「10月２日」に何か意味があると確信！
  ←
- たまたま、寄り道して見つけた「天使の本」に、「10月２日は、守護天使の日」と書かれていた！

シンクロはたいていは、守護霊たちが起こしてくれているのだが、**この一連のシンクロは天使たちが起こしたシンクロ**だったのである。

俺の「偶然の一致は天使が起こしているのでは？」という問いに対して、天使たちは、この一連の天使のシンクロを起こすことで、俺にその存在を知らせようとしてきてくれたわけである。

4章でくわしくお話しするが、**そうである、天使は実在するのである。**

このエピソードからもわかるように、シンクロが起きたら、「その意味を考え解読する」ことが重要である。

そして、その解読のコツのひとつとして、**「語呂合わせ」になっていないかを確認する**わけである。

ちなみに、161ページ以降でお伝えした「すだち」のシンクロも「すだち↓巣立ち」と「語呂合わせ」で解読するケースである。

逆さまから見ると「見えてくる」メッセージ

「語呂合わせ」とともに「逆さ言葉」を使って解読するシンクロもある。
それでは、こちらも実例をもとにお話ししていこう。
この体験は、俺が大学に勤めていたころの話である。
その日の昼食は、そこの学食で食べていた。ふと、気づくと、
「うぬぬ……なかなかとれねーぞ！」
と、重箱のすみにある「ごま」を箸でとろうと、集中している自分に気がついた。
俺は日頃から「ごま」粒ひとつも残さずに食べる。
これが俺のポリシーである。
ところが、その「ごま」がなかなかとれない。それで、思わず夢中になっていた。

このように、**「なんでこんなに夢中に？」という自分に気づいたとき。じつは、これもシンクロの一種なのである。**

そして、予想どおりここから「ごま」のシンクロがはじまった。

数日後、部屋へ戻ると、後輩から1枚のハガキが届いていた。

「おっ！　さっそくきたな！　ごまシンクロが！」

その後輩は、ゴマフアザラシの「ゴマちゃん」というキャラクターの絵をハガキに描いてくれていたのだ。

明らかに「ごま」のシンクロである。

そして、その後もいくつか「ごま」に関するシンクロはつづいた。

たとえば、当時後輩が近所でバイトをしていたのだが、なぜか急にそのバイト先に、「俺はそこへ行かなくては」と強く感じた。べつに用事も

気づいて
このメッセージに！
キュー！　キュー！！

ないのにである。

このような衝動は、守護霊たちからのメッセージであるケースが多い。

だから、**「愛と調和」を乱さないことであれば、衝動は実行してみたほうがいい。**

「愛と調和」からくる衝動に従うと、不思議なことが起こることを、すでに体験して知っていたので、俺はそのバイト先まで行ってみた。

すると、後輩は「先輩これ食べます?」と、1枚のせんべいを渡してくれた。

俺はそのせんべいを見て「うおおっ! これは!」とかなり驚いた。

そのせんべいの表面には、なんとぎっしりと「ごま」が敷き詰められていたのだ。

「ごま」だらけだったのである!

俺は、この「ごま」のシンクロを受け取るためにここに来たのか……と。

つまり、さっきの衝動は、守護霊たちが、「ここに『ごま』のシンクロがあるから行っておいで」ということだったわけである。

いったいこの「ごま」のシンクロにはどんな意味があるのだろうか?

俺はこのシンクロの解読を試みた。しかし、ちょっと思い当たらなかった。

あまりに「ごま」のシンクロがつづくので俺は、そのシンクロの意味をますます知りたくなっていた。


そして、ついにその「ごま」のシンクロのメッセージの意味がわかる日がきた！

その日は、俺のじーさんとのこの世でのお別れの日だった。

俺は「なんとなく実家に帰ろう」という不思議な衝動にかられ、用もないのにめずらしく実家に帰った。

その翌日に、じーさんは「あちらの世界」へ還《かえ》っていった。


このときの衝動も、やはり守護霊たちからのメッセージだったわけである。

そして、じーさんの葬式も終わり、俺たちじーさんの孫たちが、こたつを囲むように大勢集まり、話し合いをしていた。

ところが、俺はどうにも眠くなり、うとうとしはじめてしまった。

ふと気づくとまだみんな話し合いをしていた。

眠たい目をこすりながら、ぼんやりとこたつの上を見ると、なんとも、こたつの上に大きく「ごま」と書かれた紙があったのだ。

「お、ここでもシンクロか……」

しかし、**目を開けてよく見ると、それは「ごま」とは書いてなかった。**

そして、俺は一気に目が覚めた！

このとき「ごま」のシンクロの意味が解けたのだ！

なぜあれほど多くの「ごま」のシンクロが集まってきていたのかわかった。

目をしっかり開けてよく見ると、そのこたつの上の**紙には「ごま」ではなく、「まご」と書かれていたのだった。**

俺の目の前には、大勢の「まご（孫）」たちが、こたつを囲み1か所に集まっていたのだ。

つまり、この「ごま」のシンクロの意味は、「近々『まご（孫）』たちが、大勢集まることがあるぞ」ということを知らせてくれていたわけである！

「ごま」のシンクロの意味は、じつは「まご（孫）」で、なんと！　**「逆さ言葉」になっていたわけである。**


俺は守護霊たちも大変だなと思った。

まだ守護霊たちと直接会話ができなかった俺に、なんとかメッセージを伝えるために「ごま」→「まご（孫）」のような逆さ言葉まで使って知らせてくれていたとは……。

ふー、
やっと気づいて
くれたか。
好評だったんで、
またこの格好だぜ。

この「逆さ言葉」のシンクロのパターンを知ると、シンクロ解読にかなり役立つ。

たとえば、果物の「びわ（枇杷）」というシンクロがつづいたとき、あなたならどう解読するだろうか？

そうである。「びわ」の逆さ言葉→「わび」。

そこから「お詫《わ》び」というメッセージを引き出すのが正解のケースもあるだろう。

つまり、「誰かに『お詫び』をしなよ」と守護霊が言ってくれているのかもと、シンクロを読み解くことができるわけである。

しかし、**シンクロの解読はその人の状況によって異なってくる**ので、自分の心にピンとくる解読をすることが大切である。

たとえば、同じ「びわ」のシンクロでも、「びわ」↓「わび」と解読して、あなたがもしも茶人であったり、贅沢《ぜいたく》な傾向にあったりした場合、それは「侘《わ》び」のことかもしれない。

「質素で古いものも大切にしなよ」というメッセージと読み解くことができる。

どちらにしても、**守護霊たちはあなたの成長のためのアドバイスをシンクロで届けてくれている。**

エゴや自分の都合でシンクロを解釈するのではなく、「愛と調和」のもとに、自分がより成長できるメッセージを引き出すということが、シンクロ解読のコツとなる。

とても神秘的！　昆虫や動物が引き起こすシンクロ

周りの人たちやものだけでなく、**昆虫や動物などの生き物までもが、シンクロを運んでくれる**ことがある。

これを「生き物型シンクロ」という。

このシンクロが見えるようになると、この地球や宇宙の神秘に触れることになる。

なんと！　**昆虫や動物までもが、俺たちの「進化」「成長」「霊的覚醒」のために、協力してくれている**のだ。

この「生き物型シンクロ」のユングの有名なエピソードとしては、黄金のスカラベの話がある。スカラベとはコガネムシの一種である。

ある日、ユングは女性患者から「昨夜、黄金のスカラベをもらう夢を見た」という話を聞いていた。

すると……なんと！　まさにそのとき、ユングの背後の窓ガラスに黄金のスカラべに似た虫がやってきたのだ。

ユングは窓を開け、その昆虫を捕まえ彼女に渡した。

この黄金の虫のシンクロを体験して、それ以降、彼女の治療はよい結果を得ることとなった。


なんともスカラべの話をしているときに、スカラべ（に似た虫）が現れたのである。


このシンクロのスゴイところは、明るい外から暗い部屋に虫が入ってきたことである。

これは、虫の習性を無視した動きである。

スカラべは習性を無視してまでシンクロを起こしたのである。驚くべきシンクロである。


ちなみに「生き物型シンクロ」は、俺にも実体験

がある。

名古屋から東京へ上京しようとしていたころ。

俺が東京に引っ越そうと思っていることを、ファミレスで友人と話していたときに、いきなりバッタが窓ガラスに突撃してきた。

その後も不思議とバッタを目にした。「バッタ」のシンクロである。

これは「バッタ」→「ジャンプ」→「上京」の意味である。

他にも「カエル」→「変える」→「何かを変える」といったメッセージのケースなどもある。

どうだろうか。**守護霊たちは他の生き物まで使って、シンクロを起こしメッセージを届けてくれている**のである。

他の生き物までもが、俺たちの「進化」「成長」「霊的覚醒」にかかわってくれているのである。これはとても、神秘的なことである。

映画や本などにメッセージが多く埋められている

あなたが、たまたま観た映画や本が、そのときの、あなたの心境と見事にシンクロ（一致）していた、という経験は何度かあるだろう。

1章の霊的会議のところでも書いたように、守護霊たちはあなたに、映画や本の言葉に触れさせることで、メッセージを伝えようとしているのである。

あなたが、なにげに観た映画や本などから守護霊たちからのメッセージが届けられることが、じつはかなりある。

これを「本・映画型シンクロ」という。

実際に、これはよく俺も体験するのだが、以前こんな驚愕体験があった。

レンタルショップで映画10本で1000円セールなんていう日がある。

そこで「な・ん・と・な・く」気になる映画を10本選んだところ、なんと！

10本中3本に「同じメッセージ」が入っていた！

これには、正直俺も驚いた。

このころ、俺はドイツの哲学者ニーチェが気になっていた。

しかし、このとき選んだ10本の映画は、それとは関係なく、ただ「な・ん・と・な・く」観たいものを選んだだけであった。

それなのに、その10本中の3本の映画にニーチェに関することが出てきたのだ。

このニーチェのシンクロが起こる確率は、いったいどれくらいだろうか？

俺はそのシンクロを、守護霊たちが、俺に「ニーチェに関して調べてごらん」と言ってきているのだと解読した。

そして、そのメッセージどおりに、俺はニーチェの本を読んでみた。

すると、やはりそこには、シンクロや霊的覚醒に関するヒントなど、いろいろと収穫があったのである。

それでは、映画や本から守護霊たちのメッセージを読み解くコツを説明しよう。

1章でもお話ししたが、**あなたが映画や本を観ているときに、じつは、守護霊も一緒に観ている。**

そして、あなたに伝えたいメッセージのシーンやセリフのところにくると、守護霊は「そう！　そこしっかり注目して！」と言ってきてくれる。

それが、あなたの心が「な・ん・と・な・く」気になったシーンやセリフなのである。

つまり、その**「な・ん・と・な・く」気になったシーンやセリフが、守護霊からのメッセージ**なのである。

なので、守護霊からのメッセージをはっきりさせるためには、**映画や本を観て、感じたことを自分の言葉で文字にしてみる。**

これが、この「本・映画型シンクロ」の解読のコツである。

俺が自分の進路に悩んでいたときに、ジャン・レノ出演の「シェフ！～三ツ星レストランの舞台裏へようこそ～」という映画を観たときのこと（以下、ネタバレ）。

主人公の料理人は腕は最高なのだが、ものすごく料理にこだわりをもっていて、そのこだわりが原因でいつも失敗していた。

しかし、この主人公は、それでも料理へのこだわりを捨てることができなかった。ところが、ちょっとした偶然の出会いから、フランス料理界で超有名なシェフにその料理へのこだわりと腕のよさが認められ、主人公に活躍の場が与えられた……と、いったストーリーだった。

俺はいまの自分の進路に関する悩みと、この映画を照らし合わせてみて感じたことを自分の言葉で次のように書いてみた。

「時間がかかったとしても、霊的側面も含め本当の自分をいかせる仕事に就こう」

これがこのとき観た映画「シェフ！」に隠されていた守護霊からのメッセージだと、俺は読み解いたわけである。

ちなみに、この「本・映画型シンクロ」には、もちろん**マンガ、歌の歌詞、テレビ、ラジオ**なども入る。

守護霊たちは、あなたにさまざまなものを使ってシンクロを起こし、アドバイスやメッセージを送ってきてくれているのである。

守護霊をぐっと身近に感じる「お知らせ型シンクロ」

シンクロの種類の紹介の最後に、「お知らせ型シンクロ」に関してもお話ししておこう。

このシンクロを体験すると、ぐっと守護霊を身近に感じることとなるだろう。

守護霊にもっと優しくしようぜ～
（はっ！　これは明らかにやつに言わされている！）

☆忘れ物系「お知らせ型シンクロ」

俺は毎日ヴォイス・トレーニングのために、カラオケ・スタジオに行っている。

その日も時間どおりに普通に家を出た。

すると、急に頭の中に「なんにもな〜い！」という言葉が浮かび、俺は独り言のように思わず声に出してしまった。

守護霊が**ときどきじょーだんで俺の口を使って、そうやって勝手にしゃべったりすることがある**のだ。

そして、なにげに俺はジーンズのポケットに触れてみた。

驚いた！　俺はサイフを忘れて、お金も会員証もまさに「なんにもな〜い」状態だったのだ。

「おいおい、マジかよ！　このことか！　マジ助かった！　センキュー！」

俺は守護霊にお礼を伝えた。

守護霊が俺が家を出てすぐに知らせてくれたおかげで、俺はすぐにサイフをとりに行くことができた。

このように守護霊は日常的に助けてくれている。
あなたも**何かをふと思い出し「助かったな」と感じたときには、守護霊にお礼を伝えておいていただきたい。**

☆危険系「お知らせ型シンクロ」

俺は基本的には、夜は自分で料理をしているのだが、以前こんなことがあった。
その日は、魚を使った料理をつくっていた。
ところが、魚の消費期限からかなり過ぎていた。
「ちょっとこれを食べるのはデンジャラスかな？」と思いつつも料理をつづけた。
料理が出来上がり、語学番組でも観ながら食べようとテレビをつけた。
そして、まさに、その料理を食べようとしたときのことだった。
なんと！　画面の字幕でフランス語で、
「J'ai mal au ventre. お腹《なか》が痛い」

と、表示され、出演者がイタそうにお腹を押さえていたのだ！

さすがに、これは食べてはアカンなと感じた。

これまでも、シンクロにはいろいろ助けられてきたので、その経験から判断しても、このケースでは食べないほうがよかったと思う。

このように、**シンクロを起こすことで、守護霊が危険を知らせてくれることもあるわけである。**

予言系「お知らせ型シンクロ」

ちょっと驚くシンクロなのだが、**守護霊が近未来のことを知らせてくれることもある。**ちょっとした予言みたいなシンクロである。

ただし、基本的に**未来は決まっていない。**

本人の選択と行動しだいで、いかようにも変化するものである。

ただ、ある程度決まっている未来というのもある。

それは、ちょっと先の未来だけである。

そのちょっと先の未来のことを守護霊がお知らせしてくれるわけである。

何度かこの章でお話しした「すだち」→「引っ越し」のシンクロも、この予言系「お知らせ型シンクロ」でもある。


また、こんなこともあった。

ある日、ふと「もうじき人生に展開があるよ」と守護霊に言われた。

俺は基本的に地味〜ぃに暮らしているので、「そんなことは、まずねーだろ」と思っていた。ところが、それから約1か月後、出版社の方からこの本の執筆依頼がやってきたのであった。


このように、守護霊たちは、ちょっと先の未来についてのことを、お知らせしてくれることもあるわけである。

辞書やネットで意味を調べるのが読み解き方のコツ

この章の最後に、解読のコツをもう少し補足しておこう。

何か気になる言葉や、シンクロが起きている言葉の意味を辞書やネットで調べる。

そうすることで、シンクロを解読できるケースがあるのだ。

俺の実体験で解説しよう。

ある時期、俺は映画「12モンキーズ」についてブログに書こうかどうか考えていた。

そんなある日、スーパーで買い物をしていると、俺の目の前で不思議な出来事が起こった。

誰も何もしていないのに、棚の商品が自然にぽとっと床に落ちたのである。

しかも、その棚からは自然に落ちそうもないのに、落ちたのである。

じつは、こういった現象は守護霊たちが起こしているのである。

なので、俺はこれはシンクロだと思い、その床に落ちた商品を手にとった。

それは「DARS」という菓子だった。さっそく部屋に帰ると、この菓子「DARS」には、どんな意味があるのかネットで調べてみた。

すると、この菓子「DARS」の名前の由来は、1ダースからきていて、つまり「12」を表しているということがわかった。


俺が「12モンキーズ」の記事を書こうかなと考えていた時期に、この「12」を表す「DARS」という菓子がぽとっと自然に棚から落ちてきたのだ。驚愕である。

まさに、これは「12」のシンクロであった。

この「12」のシンクロを起こすことで、守護霊たちは、俺に「『12モンキーズ』の記事を早く書きなよ」と言ってきたわけである。


もちろん、その後、俺は「12モンキーズ」に関する3つの記事をブログに書いた。

すると**その記事は、俺の想像をはるかに超えた多くの方々に読んでいただけた。**

ちなみに、この映画「12モンキーズ」は1年以上前の記事なのだが、今年1月の

1か月間だけでも、3記事トータルで7000以上アクセスがあった。

シンクロから守護霊たちからのメッセージを解読し、行動に移すとこのようなことがかなり起こるのである。


もうひとつ例をあげておくと、以前山口県の「錦帯橋《きんたいきょう》」というシンクロがあった。

そこで「錦帯橋」について、名前の由来や、造られた経緯などを調べてみた。

すると、「絶対に流されない橋を目指して造られた」ことがわかった。

つまり、このシンクロの解読は「世間に絶対に流されるなよ」という、守護霊たちから俺へのメッセージだったわけである。


いかがだっただろうか。

俺のブログにもたくさん実例があるので、ご興味があれば合わせて読んでみていただきたい。


シンクロには、必ずメッセージがある。

シンクロが起きたときは、その意味を解読し、「愛と調和」をもって行動していただきたい。

すると、あなたの新たな人生の扉が開き、うれしいことへとつながっていくのである。

4章

真相！「目に見えない存在」とはどんなやつらなのか？

この世界は目に見えるものがすべてではない

いままでお話ししてきたように、俺たちの周りには、目に見えない存在がいる。

そして、俺たちを見守り、そして「進化」「成長」「霊的覚醒」のために、協力してくれている。

いまというこの時代は、目に見えるものだけを見る時代ではなく、目に見えないものを感じ、共に生きていく時代なのである。

プロローグでもお話ししたが、俺たちを守護してくれているやつらは、**天使、異星人、妖精、女神、そして、先にあの世へ還《かえ》った身内、**などさまざまな立場の存在たちがいる。

「見えぬけれどもあるんだよ、見えぬものでもあるんだよ。」

by金子みすゞ
「星とたんぽぽ」より

この章ではこれから、目に見えない存在たちとは、

どういったやつらなのか？

俺たちとどんなかかわりがあるのか？

について、俺の実体験をお伝えしつつ解説していこう。

「ロックに終わりはない！」この世を去ったおやじからのメッセージ

この世を去り、先に天に還った身内なども、守護霊となり、じつはしっかりとあなたを守ってくれている。

実際に俺のところにも、ばーさん、おやじ、伯父などが来てくれた。

この3人は生前に俺も実際に会っていたので、俺のところに霊体の状態で来てくれたときにも、すぐに誰が来たのかわかった。

とくに、おやじの（霊体での）エネルギーは、俺にとっては明らかすぎるくらいわかりやすかった。

声もしゃべり方も、生前のおやじのままだった。

あの世へ去った方々とコミュニケーションをとることは可能なのか？

答えは「ＹＥＳ」。可能である。

そのことを実証する、俺の驚愕《きょうがく》の実体験をお伝えしておこう。

これは、寝ている間に**霊的世界に行って体験したことと、こちらの現実世界での出来事が見事に一致した、シンクロの話**である。

これは、俺が東京でインディーズの音楽をやっていたころ。

俺のおやじがこの世を去って間もなくのころのことである。

俺はひとつのかなり大きな悩みを抱えていた。

当時、俺は音楽家（ロッカー）になるために東京で音楽活動をしていた。

おやじは生前、「まあそろそろ音楽やめんといかんぞ」と言っていた。

俺は「ははは！」と、まったくもって聞く耳もたずであった。

「親にやめろと言われたくらいで、やめるなら最初からやってねーだろう」と、俺は考えていたわけである。


ところが、おやじがこの世を去ったあと、おやじのあの言葉がなぜかずーっと気になってしまっていた。

「ああ……おやじはロックを、『そろそろやめろよ』って言っていたな」

「いま、おやじが生きていたらなんて言うのかな？」

と、ことあるごとに考えてしまっていた。

「あの世（宇宙）へ行ったあとでも、まだやめろよって言うのかな？　それとも霊的次元から見たら、やめろとはもう思わなくなったかな？

それとも、応援しているかな？　それはないか……」

生前はまったく気にしていなかったおやじの言葉が、なぜかこの世を去ってしまうと、直接会って会話できないのでやたら気になってしまっていた。

俺はめずらしく真剣に悩んでいた。


そんなある日、なんと！　あちらの世界からおやじが、俺に会いにきたのだ！

1章の「霊的会議」のところで書いたように、俺たちは寝ている間に霊的世界へ行く。

そこでは守護霊や異星人、そして、この世を去った方々とも、実際に会えるのである。

その日、俺は寝ている間に霊的世界へ行った。

すると、そこにおやじが来てくれた。そして、おやじは、

「俺の言いたいことは、全部おまえの母親に言っておいたから」

と、だけ言って笑っていた。

あちらの世界にいるおやじが、

「俺がロックをつづけていることをどう思っているのか？」という俺の質問に対して、

「言いたいことは、すべておふくろに伝えた」と言うのである。


そして、霊的ヴィジョンで、俺の実家に新聞が置いてあるのが見えた。

そして、ちょっと不思議な光景を目にした。

なんとも**その「新聞記事」のある部分の文章だけが、ぐぐぐっ……と盛り上がってきたのである。**

どうやらこれは、その新聞記事の大切なことが書かれている部分だけ文字が浮き上がってきた様子であった。

ただ、このときのヴィジョンでは、そこに何が書かれているのかまでは見えなかった。

俺はあちらの世界でこんな霊的ヴィジョンを見せてもらったわけである。

そして、そこで目が開き、俺はこちらの世界に戻ってきた。

「ああ、いまのは夢ではなく、霊的世界だったな。おやじ元気そうだったな」と、思った。

同時に俺は、この体験はいったいなんのことだろう？

おやじはいったい何をおふくろに伝えたというのだろうか？

そしてまた、霊的ヴィジョンで見たあの新聞には、いったい何が書かれていたのだろうか？　と疑問に思っていた。


その謎はすぐに明らかになった。

その数日後に、実家のおふくろから1通の手紙が届いた。

何やら「ちょっといいものを見つけたので送ってあげよう」と手紙を書いてくれたらしい。ところが、その手紙が驚愕の内容であった！

なんと！　その手紙の中には、俺が霊的世界で見たヴィジョンと同じく「実家にあった新聞の記事」が同封されていたのである。

俺が霊的世界で見たヴィジョンと、完全に一致していた。

しかも、その記事にはドーーーンとでっかく**「ロックに終わりはない」**と、書かれていた。これは、イギリスのロック・バンド「ローリング・ストーンズ」来日の新聞記事だった。

そして、さらに驚愕なことに、その記事にはおふくろが鉛筆で大切なところに線を引いていたのだ。

これは霊的世界で見たヴィジョンの記事の大切なところの文字が浮き上がってきた箇所と完全に一致していた！

寝ている間の霊的世界で見た「新聞」と「浮き上がる文字の箇所と同じ場所に引かれた線」、これがいま現実に俺の手元に、おふくろから送られてきたのだ！

霊的世界でのおやじとの会話と、こちらの現実世界がここまでシンクロするとは……と、俺はちょっと驚きながらも気持ちが高まってきていた。

平成18年(2006年)3月28日 火曜日 朝日新聞

ストーンズ来日

ロックに終わりはない

「エネルギー・感情が大事」ミック

「倦怠は病気だよ」キース

26歳土門拳の早大生卒業アルバム

美意識鮮烈、学生を活写

江戸の町に響いた音色・役者のせりふ

黒木文庫でみる音楽と演劇

東大駒場博物館で5月7日まで

「朝日新聞」2006年3月28日

なぜなら、俺がずっと気にしていたおやじへの質問の「返事」が、その新聞のおふくろが線を引いた部分に書いてあるかもしれないからだ！

俺は神妙な気持ちでその記事の線が引かれているところを読んでみた。

「もしも強く感じる何かがあるなら、そこにしがみつくんだ。音楽を作りたい、物を言いたい、人の気持ちを動かしたい、そう思ってるなら、やり続けることだ」

こう書かれていたのだ。これは、まさに俺の質問に対する、あちらの世界にいるおやじからの答えだった。

グッと込み上げるものがあった。

「生前おやじは俺に音楽を、そろそろやめろよって言っていたが、いまはこう思ってくれていたのか」と知った。

ぶっちゃけ、俺はとてもうれしかった。本当にありがとうな、と感じた。

こうして、ずっとあった「心のつかえ」がとれたわけである。

このように、こちらの世界を去った方々とコミュニケーションをとることも可能なのである。

霊的視点をもち「進化」「成長」「霊的覚醒」していくことで、必ずそれに気づいたり実感できるようになる。

そして、あちらの世界にいる**身内や先祖である見えない方々たちは、いつも俺たちを見てくれている。**

俺たちのことを大切に想《おも》ってくれているのである。

また、俺たちはこの世界だけで生きているのではない。

霊的世界と深くかかわり合って生きている。これが真実なのである。

物質世界も大切であるが、そちらだけの視点ではなく霊的世界の視点もどうか大切にしていただきたい。

この世を去ったあとも、俺たちは存在する。終わりではない。

先にこの世を去った方々も、俺たちの目には見えなくても、この世界を見守りつづけてくれているのである。

ステキで驚愕な連中……天使や異星人の守護

先に宇宙（あちらの世界）へ還った身内や先祖たちだけでなく、じつはその他にも、**ステキなそして驚愕な連中たちがあなたを守護してくれている。**

そのステキで驚愕な連中とは……なんと、天使や異星人たちのことである。

3章でお話しした俺が体験した「10月2日」のシンクロなどは、天使たちが起こしたシンクロである。

天使とは、人間とは違った進化をしてきた霊的存在のことであり、地球やそこに暮らす人々の進化のために、天の使いとして働いている。

また、異星人とは、地球とは別の星で進化してきた存在たちのことである。

テレビなどでは物質的な身体をもった異星人たちが、よく話題になっている。

しかし、じつは、異星人たちには物質的な身体をもたないやつらも多い。

実際、俺が遭遇した異星人たちもそうであった。

姿形は人間と同じ感じであるが、物質の身体というよりも、**霊体に近い身体をしていて、全身から金色の光を発して美しく輝いていた。**

異星人たちの中にも、天の使いとしての役割を果たしている連中もいるので、そういう意味では**異星人と天使はかなり近い存在といえる。**

自分にメッセージをくれている存在が、天使たちだと信じていたが、じつは、それが「天の使いをしているステキな異星人たちだった」なんてケースはかなり多い。

しかし、異星人と天使では、定義上異なるところもある。

それは、異星人という言葉には、いろいろな進化の段階の連中が含まれているということ。

天使やそれ以上に進化した異星人もいれば、またそうでもないやつらもいるわけである。また、未熟でよからぬことをしている異星人もいるわけである。

そして、異星人の中でも、天使と同じく「地球や人々の進化をサポートする」という仕事をしている連中は、霊的にも精神的にも進化した異星人たちなのである。

そのため、**異星人のことを、神や観音菩薩《ぼさつ》だと思ってしまっているケースも多い。**

観音菩薩とは、「宇宙の隅々まで観ることができる存在」という意味である。

これは普通に考えればわかることだが、地球を守護する立場の存在が、果たして地球のことだけしか知らない程度の存在に、その役割をまかせられるだろうか？

そのようなことはまずない。

ひとつの惑星の進化を導くお役目は、宇宙のいろいろな惑星で、「愛と調和」のもとに永続可能な社会を築いてきた存在たちにこそ、与えられるのである。

ここを考えていただければ観音菩薩たちが、じつは異星人たちであったということをご理解いただけることだろう。

観音菩薩たちは異星人として他の惑星で「愛と調和」の進化をしてきたからこそ、地球や人類を導くことができるわけである。

観音菩薩のことを考えてみれば、おわかりのとおり、異星人たちが守護霊として、あなたを守護する場合があるわけである。

これはどういうケースのときに起こるのか？

「地球を『愛と調和』のもとによりよくしたい、地球を次の次元に進化させるために行動していきたい」というサポートをしているのである。

異星人たちにも、いろいろと種類や進化の段階があるので、いろいろなケースがあるわけだが、俺が付き合っているのはこういうやつらである。

最近ではこのような考えのもとに、行動している方々がどんどんと増えてきていて、異星人たちのサポートを受けている方々も多い。

実際、俺も上述の考えのもとに行動していたら、これまで書いてきたような驚愕のシンクロが多発して、やつらと付き合うようになったわけである。

また、**地球に画期的な発明や発見をもたらす方々に、異星人たちが実際に接触してくる**場合もある。

NHKの番組「プロフェッショナル」に出演した木村秋則氏。

木村氏は、世界で初めて無農薬&無肥料でりんごの栽培に成功した。

著書の『すべては宇宙の采配』(東邦出版)の中で、異星人と遭遇し宇宙船に乗ったことを書かれている。

また、**フリーエネルギーを発生させる「第3起電力」を発見した、物理学者の井出治氏**も異星人たちと接触していると、ネット動画の中でご本人が語られている。

最近では、こういったことも、さほどめずらしいことではない。

アポロ計画の宇宙飛行士エドガー・ミッチェル氏も、ネット動画の中で、「異星人は本当に地球に来ています。政府は60年間も隠蔽してきました。私は月を歩いた宇宙飛行士の誇りにかけて真実であることを約束します」

と、言っている。

このエドガー氏のいう異星人はさほど進化してなく、物質的な身体をもつようなやつらのことも含まれているようではあるが……。

しかし、実際は「愛と調和」のエネルギーのステキな感じの異星人たちもたくさんいるということを知っておいていただきたい。

「地球を『愛と調和』のもとによりよくしたい、地球を次の次元に進化させていきたい」という思いで行動していくと、あなたも異星人のサポートを受けるようになる。

実際、地球環境をよくするような活動をしている方の中には、本人が気づいていないだけで、「守護霊がじつは異星人」というケースも、かなりあるわけである。

地下鉄で未知との遭遇

俺は人生のふとしたきっかけに、不思議な人物と出会う。

東京で音楽活動をしていたころ。

俺はネットでバンドのメンバーを探していた。

メンバー募集掲示板に書かれた音楽の方向性や活動方針を読んでコンタクトをとる。

そして、やりたい音楽が一致すると、実際に会って話し合ったり、スタジオに入って音を出したりするわけである。

また、音楽だけでなく人としても波長が合うかどうかも大切である。

その日、俺はとあるバンドのB氏とメールで語った結果、方向性や方針が同じだったので、会ってみることになった。場所は銀座のカフェだった。

B氏といろいろと音楽の話をしてみたら、かなり盛り上がった。

「これはバンドでいけるかも」と感じた。

ところが、B氏がちょっと改まった様子でこうきり出した。

「Kさんならわかってくれる気がするんですが」

「何が？」

「いや、驚かれてしまうかな」

「俺はたいていのことじゃ、まず驚かんがな」

「やはり、そうですか……」

B氏は俺に何かを話したくて、たまらない様子だったが、どうしようかかなり迷っていた。そこで俺は先をうながした。

「何？　言ってみなよ。たぶん、俺は驚かんぞ」

「では、言いますが……**じつは、UFOに乗ったことがあるんですよ**」

「うん」

これまでにも、俺はそういう話を受け取るお役目を、守護霊たちにさせられていたので、実際にUFOに乗ったことがある人にも何人か会っていた。

なので、UFOのことはよくある話なので、俺はまったくなんとも思わなかった。

しかし、せっかくバンドのメンバーを探しにきたのに、「え！　そっちかよ！」と、心の中でB氏にツッコミを入れていた。

「えええええっ！　Kさん、まったく驚かないんですね！」

驚かない俺に対して、B氏が驚いていた。

「ああ、ま、その程度なら……」

「では、もうちょっと言ってみていいですか？」

「ぜんぜんオッケ！　どんと来い！」

「UFO、どこで乗ったと思います？」

B氏は真剣な面持ちでこう続けた。

「じつは、**丸ノ内線の電車の中**からなんです」

意外といるんだよな〜

「うん」

「えええええっ！　Kさん、驚かないんですね！」

「つーか、さっきからひとりで驚きまくっているのは、おまえだろ！」

たまらずつっこんでしまった。

「たいていはここまで話すと、笑われてしまったりするんですよ。真剣に聞いてくれてうれしいです。でも、どうして驚かないんですか？」

「いや、**俺は半蔵門線だったから**」

「ええっ！　Kさんは、半蔵門線から乗ったんですか!!」

「ま、そういうことだな、つーか、おまえは驚くんかい！」

まるでコントのような会話であるが、そのときのB氏のUFO体験は次のような話だった。

丸ノ内線に乗っていると、なんだか急に眠くなり、気がつくとそこは宇宙船の船内だった。

そして、そこには数人の異星人がいた。

とても「あたたかい感じ」のやつらであったと話していた。

じつは、このときＢ氏は地下鉄の中で、身体の一部がとある感覚に悩まされていたのだが、その感覚を、やつらがきれいさっぱり消し去ってくれたとのことだった。

そして、再び丸ノ内線に戻ってきたそうである。

Ｂ氏はやつらにとても感謝していると語っていた。

お話ししたように、異星人の中には肉体をもたずに「霊体」に近いエネルギーのやつらがいる。

Ｂ氏は、寝ている間に「体外離脱」もしくは「意識の状態」で、ＵＦＯつまり宇宙船に乗ることができたわけである。

とても気さくでいいやつら

せっかくなので、俺自身の異星人体験もお伝えしておこう。

先ほども話に出たが、それは地下鉄半蔵門線に乗っているときだった。

急激に眠気に襲われて、俺はスーッと眠りに吸い込まれていった。

気がつくと、「光で覆われた空間」にいた。

その空間は、部屋全体が光を発していて、とてもまぶしくほとんど何も見えなかった。「ただ光っているだけの場所」といった感じだった。

これが宇宙船の内部のことである。

そこには5、6人くらいの「全身が金色に光る存在の異星人たち」がいた。

その奥にも数人がいた感じだったが、俺の周りに5、6人くらい集まってきていた。

彼らの外観は、**全身から光を発していて、顔とか細かいところはまぶしくて、ほとんど見えない。**

ただ、姿形はぼんやりと人間と同じ姿だということはわかった。

どうやら、物質的な肉体はもっていない感じである。

1章の体外離脱のところでお話しした、俺が遭遇した金色に光る守護霊と同じ霊体に近い存在のようであった。

しかしこの「光る存在たち」つまり、異星人たちは驚くほど気さくだった。

そして、やつらは普通に日本語で俺に話しかけてきた。

といっても、普段の守護霊との会話のように、俺の頭の中に直接語りかけるという方法で行われた。

やつらの印象は、「気さくでいいやつら」で、**身体から発している金色の光は「愛と調和」のエネルギーといった感じである。**

一緒にいると、「この連中は俺のことをすげー理解してくれている」とか「こんなに居心地のよい場所があったのか」と感じた。

また、落ち着いた感じで、人として考えてもちょっとカッコイイ感じであった。

昔の仲間たちと会っているような感じで、どことなく懐かしい感覚もあった。

バンドを組むなら、こいつらみたいなやつと組みたいと思った。


当時、俺はある問題を抱えていて、しかも少々ハラを立てていた。

自分の正直な気持ちがわかりづらくなっていた時期だった。

その問題に関して「光る存在たち」と話した。

どうやら、みんな協力してくれている感じだった。

俺がある程度話したところで、怒りからだろうか、自分の気持ちがわからなくなり、言葉につまった。口から言葉が出てこなくなってしまったのである。

そのとき、ひとりが俺に言葉をかけてきた。


「で、本当はどう思うの？」


この一言はまさに魔法の言葉だった。

この言葉を言われるとすぐに、「ああ、本当は……」と、自分でも気づいていなかった（心の奥底に押し込めていた）、正直な気持ちがスルスルと言葉となってスムースに出てきたのだ。

この会話のやりとりのおかげで、自分の本当の気持ちがわかった。

俺の**かたくなってしまっていた心を、一瞬にして素直な心にさせたのだ。**

この「光る存在たち」のもっている不思議な力、「一瞬にして人を素直にさせてしまう力」を実感して、俺は思った。

「この力って、じつは、愛なんじゃね？」

たとえるならば、**ワルと言われる生徒も、その先生の前では素直になってしまう**……そんなエネルギーだ。

人を一瞬で素直にさせる、そういうのが「愛」なのではないだろうか？

これが俺の異星人体験であった。

このような異星人体験などの、**一見不思議な体験をした人たちは、あまり人に話さないだけで、じつはけっこういる。**

実際、俺が直接話を聞いた人だけでも異星人と遭遇している人は7、8人いる。

最近では、宇宙船を目撃したり、異星人体験をする方々がかなり増えてきている。

もしあなたも異星人体験をしたときには、とりわけ特別なことでもないのだな、と安心していただきたい。

ものや動植物に宿る妖精と仲良くなる

ものや動植物には、じつは妖精が宿っている。

そして、この妖精がシンクロを届けてくれることもあるのだ。

妖精たちも、この地球や人々のために、いろいろとサポートをしてくれている。

日本には「八百万《やおよろず》の神」という言葉がある。

これはすべてのものには魂が宿り、神が住んでいるということである。

たとえば、消しゴムの神、お皿の神、お米の神、机の神、靴の神、花の神、大根の神、キッチンの神……などが存在しているとされている。


これは本当のことである。

すべてのものには霊的な存在である妖精たちも宿っている。

なので、**ものを単にものとして見るのではなく、そこには「常に妖精が住んでい**

る」という視点を大切にしていただきたい。

だから、相手の立場になって考えるということが重要なのである。

つまり、植物やものや動物やそこに宿る妖精の立場になって考えてみることが大切なのだ。

俺たちは、ついつい「人間中心視点」に、なりがちになってしまう。

しかし、そこを少しずつ変えていくことで、妖精たちと仲良くなれるのである。

先日、こんなことがあった。

新しく家を建てたある知人が、雑誌の記事を見せてくれた。

それは新築の家で起こる体調不良、いわゆるシックハウスの記事だった。

その知人はたのしそうにこう話した。

この本にも宿ってっから
大事にしてちょーだい!
やっほー!

「観葉植物を置いておくと、植物が悪いもの吸ってくれるんだって！　だから自分たちが暮らしはじめる前に、何日も植物を部屋に置いておいた」

少しその知人の言葉のエネルギーの波長のニュアンスが気になったので、言葉のエネルギーを感じてみた（簡易的な霊視）。

すると、その知人はある事柄に、まったく気づいていない様子だった。

野暮なことは言わずに、そのまま話を聞き流すこともできた。

だが、俺はその知人が天使や妖精とコミュニケーションをとりたいと願っていたことを知っていた。

また、かなりつっこんだ話のできる間柄だったので、俺はその知人にこう言った。

「なるほどね。つまり、**植物に悪いものを吸わせるために無人の家へやつらを監禁しておいたわけか**。う――ん、なるほど……」

それを聞き、知人はハッとなった。

どうやら知人は即行で気づいたようであった。

そうである。ちょっとばかり「人間中心視点」になりすぎていたわけである。

妖精たちは日頃から、俺たちの知らないところで、俺たちのために精一杯働いてくれている。

妖精たちが、俺たちや地球のために働くことは、妖精たちの喜びでもあるかもしれない。

しかし、**妖精たちからの恩恵を受け取る場合、やはり俺たち受ける側としてのマナーや意識も大切**である。だから俺はその知人にこうつづけた。

「俺はシックハウス対策に植物を利用するのもありだと思う。しかし、利用するっていうよりも、植物にむしろ『お願いする』じゃね?」

「なるほど……そうだね」

「そんな感じで接していくと、妖精を感じられるようになるゼ!」

「おおおっ! なるほどぉ!」

家庭でも、職場でも、どこでもそうだが、「やっておけ」「当然だろ」というように接するのと、「よろしくね」「ありがとうね」と接するのとではまったく違う。

これは**天使や妖精たちとのコミュニケーションでも同じ**ことである。

植物や妖精にシックハウス対策で助けてもらうときには、やつらに対して「**ありがとうね」「よろしくね」という、感謝や愛の意識で接することが大切**である。

そうすると、やつらとよい関係が築けるようになっていくのである。

この視点を大切にしていくと、**周波数も整い、見えない存在たちのサポートを受けやすくなる。**

そして、あなたの霊的覚醒がさらにすすんでいくわけである。

だから、ときどき消しゴムの気持ち、靴の気持ち、食器の気持ち、動物の気持ち、植物の気持ち、自分の守護霊の気持ち……などイメージしてみることは大切である。

すると、やつらの大変さがわかり、自然と感謝の気持ちが出てくるものである。

より妖精のことをくわしく知りたい方は、姫乃宮亜美氏の『妖精を呼ぶ本』（サンマーク出版）という本にくわしく書かれている。

ちなみに、俺の妖精体験もお伝えしておこう。

一番印象的だった体験は、なんと本屋で起こった。

本屋で前述の『妖精を呼ぶ本』を初めて手にしたときのこと。

「うおおっ！　なんじゃあこりゃー！」

ぶわ――っと無数の小さな霊的存在たちが、一気に俺を取り囲むように喜んで集まってきた。

ものすごい数の妖精たちだった。

やつらに取り囲まれると、ものすごく気持ちよかったのを覚えている。

俺の気持ちがぱ――っと一気に華やいだ。

たとえるならば、「小さい純真な子どもたちに『わーい！』と取り囲まれてしまった」ときのような、とてもうれしい気持ちといった感じであった。

本屋で本を持ちながら、そんな体験をしてしまったわけである。

妖精というと、美しい自然の中にいるイメージではあるが、じつは、本屋であってもこんなにたくさんの妖精が集まってくるということがわかった。

そうである。**自分の周りのすべてのものを大切にして、妖精たちに想いを寄せていると、あなたの部屋、そしてあなたの周りにも妖精たちは集まってくる**のである。

龍神とはどんな存在か？

見えない霊的な存在の中には、龍神といわれる存在もいるとされている。

先ほど少しお話しした、世界で初めて無農薬&無肥料でりんごの栽培に成功した木村秋則氏も著書の中で遭遇したと書かれていた。

その他にも、龍神を実際に目にする方、遭遇する方はいるようだ。

俺は、龍神に関してはくわしくないのだが、ご縁があるのでここで龍神体験もお伝えしておこう。

俺が龍神とコンタクトをとったのは、東京で音楽をやっていたころのことだった。

その日の夜、俺は部屋で寝ていた。そして、霊的世界に行った。

すると神社のような感じのヴィジョンのところに、デカイ龍神がいた。

とにかく大きいといった印象で、**身体は物質的ではなくて、霊体に近く、どことなく半透明のような感じだった。**

「げっ！　なんだこいつ！　なんかあぶなくねえか？　こいつヤバくね？」

しかしよく見ると、龍神の背中の上で2、3人の赤ん坊が喜んで遊んでいた。

龍神に懐いている様子であった。

それを見て、「この龍は安全なのだな」とすぐにわかった。

すると、龍神のほうから俺に話しかけてきた。

「乗る気があるならば背中に乗れ」

こんな趣旨のことを言われた。

この「背中に乗れ」というのは、「どこかに運んであげる」的なニュアンスの言葉であった。

俺は少しの間考えた。

正直、「なんかカッコワリーなあ」と思い躊躇《ちゅうちょ》していた。

どうしても、「まんが日本昔ばなし」のイメージ（オープニングの曲で龍に子どもが乗っている絵が出てくる）があって、「ロックな俺には、ちょっとね」と抵抗があった。

すると、そこで目が開いて、こちらの世界に戻ってきた。

つーか、よくこんな俺みたいなやつに声をかけたな、龍神は……。

いままで俺が遭遇してきた、守護霊、天使、異星人、妖精、女神たちなどの霊的

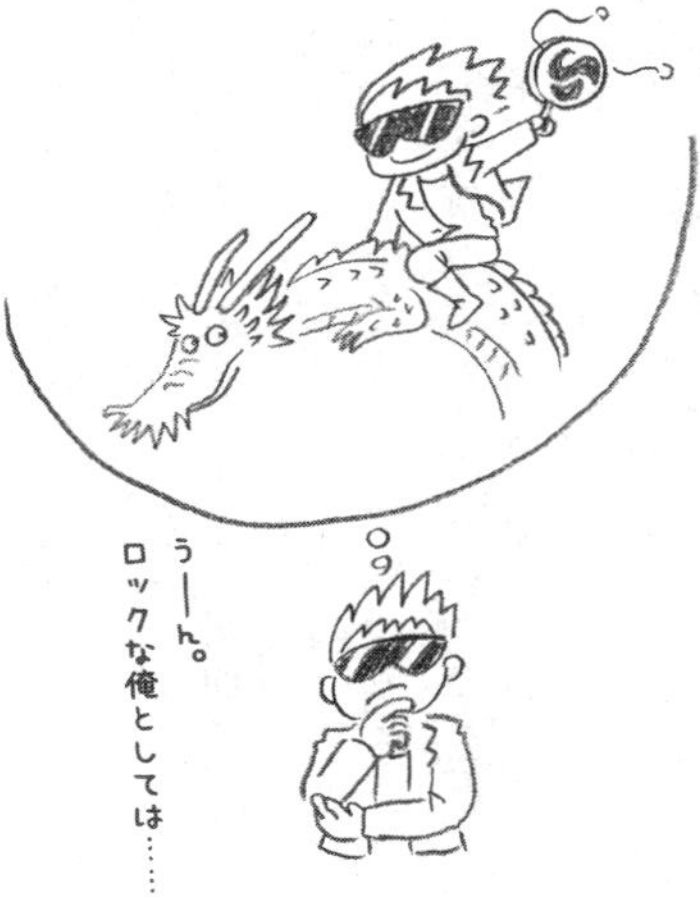

存在たちとは、龍神はまたちょっと違った感じだった。

龍神は俺の勝手なイメージかもしれないが、もっているエネルギーからして高飛車なイメージがあった。

ぶっちゃけ俺はそれも気にくわなかった。まるで態度のデカイこの俺自身を見ているようで……。

ただ、俺が感じることとしては、**この龍神と遭遇した場所は、あちらの世界なのだが、そこの空間はまた少し違っていて、あまりなじみのない空間**であった。

霊的会議や異星人たちと遭遇した空間である「あちらの世界」と「夢の世界」との中間といった感覚である。

そして、この龍神と遭遇したころというのは、俺が「シンクロニシティなどを広めたり、地球をよりよくしたりしたい」という、気持ちを強くもっていたころだった。

龍神は親切にも、そんな俺を助けてくれようとしていたのだ。

そのことだけは、はっきりとわかった。

このように、**龍神たちも地球や人々の守護をしていることは明らか**である。

龍神系のエネルギーとご縁のある方々は他にもいるかと思うので、何かのヒントになればと思い、俺の書ける範囲でここに書いておいた。

哲学者・ニーチェの真実

地球上で過去に活躍していた方々が、あなたにヒントやメッセージを届けてくれるといったケースがある。

これは、先祖が守護霊となるケースと似ているが、**あなたとこの世で直接的なつながりがない先人たちがあなたをサポートしてくれる**といったケースである。

たとえば、ショパンであったり、ユング、キリスト、ダ・ヴィンチ……といった存在たちである。

このケースの俺の体験をお伝えしておこう。

3章の「本・映画型シンクロ」のところで、お伝えした話をここで思い起こしていただきたい。

俺が「な・ん・と・な・く」選んだ10本のレンタルDVDの映画の中に、なんと3本も「ニーチェ」に関することが出てきたシンクロの話である。

じつは、あの話には続きがある。

10本中3本も、ニーチェという言葉がシンクロして映画に出てきたことに驚いていたのだが、じつは、俺はそれよりも、さらに驚愕の体験をしていた。

俺は、その3本の映画の中に、松田優作氏主演の「野獣死すべし」という映画をレンタルしていた。

俺はこの映画を、反町隆史氏主演のドラマ「GTO」の主人公の鬼塚英吉の履歴書に、好きな映画「野

なんじゃぁ～
こりゃぁ！
（き、きまったぜ！）
なんですか～
このドヤ顔は？
えー、この映画主演の
松田優作氏が出演した
ドラマにですね、
こんなシーンがあって……
注：ニーチェ

獣死すべし」と書いてあったからという、ただそれだけのあほな理由で選んだ。

しかし、この映画を観ているときのことだった。

主演の松田優作氏が、迫真の演技をしている中、ニーチェに関するセリフを言うシーンが出てきた。

すると、俺の部屋に驚くべき変化が起こった。

そのシーンになると、「コオオオォォォォッツ!!!」という感じで、**部屋中のエネルギーが変わり、かなりデカイ霊的エネルギー体が俺の部屋に降りてきた。**

「なんじゃあ～こりゃあ！」（松田優作氏の映画だけに）

とてつもない大きさの霊的なエネルギーの宇宙船が、すっぽりと俺の部屋を包み込んでしまったような感覚であった。

これがニーチェの霊体である。

俺のところにニーチェが会いにきたのである。

じつは、これには理由がある。それに、俺のほうにも心当たりがあった。

俺は以前から**「ニーチェに関して世間は大きな誤解をしているのでは？」**と考えていた。

ニーチェは定説では、晩年は精神がおかしくなったとされている。

しかし、俺は「それは違うんだろうな」と感じていた。

ニーチェはそれを伝えたくて、俺のところに会いにきたのである。

このあと、俺は図書館へ行きニーチェのことをいろいろ調べた。

すると、ニーチェが精神がおかしくなったとされた理由がわかった。

それは、広場にいた馬車馬が、鞭《むち》でたたかれているのを見てニーチェが駆け寄り、泣き崩れたという逸話からのようであった。

また、その馬車馬の出来事のあと、ニーチェは友人に「自分の前世が誰であったか」という内容の手紙を書いた。

それを見た友人は、「ついにニーチェはおかしくなってしまった」としてしまったわけである。

このニーチェの言動を見て、いまこの時代に生きるあなたはどう感じただろうか？

そうである。「え？　ニーチェぜんぜんおかしくなくね？　馬かわいそうだし、前世なんて、よくある話じゃね？」と、ほとんどの方が感じたことだろう。

ここで、俺がはっきり断言しておくが、**ニーチェは精神がおかしくなったのではなく、周りの人たちが、ニーチェを理解できなかっただけ**なのである。

妖精と観葉植物のところでお伝えしたように、ニーチェのように「動植物の立場に立って考える」ことは、霊的覚醒においてもとても大切なことである。

いまでこそ、前世の話も普通にできる時代になったが、当時の人々にはまだその話題は早すぎた。

馬にしても当時は、まだ動物の権利の発想もないので、ただの道具でしかなかった。

だから、当時の人たちには、なかなかニーチェを理解できなかったわけである。

ニーチェは、むしろ霊的覚醒をしていたのである。

実際、**ニーチェの著作『ツァラトゥストラはかく語りき』からは、霊的覚醒にかかわるヒントをたくさん読み解くことができる。**

どうか、ニーチェのためにも、このことをご理解いただきたい。

神についての俺の考察

俺は、女神という言葉は使っても、神という言葉は〝あまり〟使わない。

神という言葉は、かなり広い意味で使われたり、あいまいに使われたりすることが多い。守護霊や異星人や天使など、いろいろな存在に対しても使われている。

つまり、**実際には神ではない存在に対しても、神という言葉が使われているケースもある**わけである。

また、**宇宙を創造したのが神だとすると、地球人をつくったのはその神ではない。**

それとは別の存在が地球人をつくったのであり、進化した別の星の生命体である異星人たちが、遺伝子操作やクローン技術を使って地球人をつくったのである。

地球人は、自分たちをつくった異星人たちを神と呼んでいるが、やつらは宇宙をつくった存在ではない。

そこまでの能力はやつらにはなく、べつにさほどたいした存在ではない。

それは、俺たち自身やいまの地球の現状を見れば容易にわかることだろう。

神話で伝えられている神々がやたら人間っぽい理由もこれでおわかりになり、気持ちがスッキリしたのではないだろうか？

ここでいう「神」は、俺たちの「生みの親に相当する存在」なわけである。

ということは、その存在に対して、**甘えたり、頼るのではなく、生んでくれた感謝の気持ちとともに、成長して追いつき、そして超えていこうとする気持ちを抱くこと**が大切である。

成長して親を超えていくのが子どものつとめなのだから。

では、俺たちをつくった存在とはどういう存在なのか？

ここで想像してみていただきたい。


現在の段階の地球人のレベルでもすでに、クローン技術をもっている。

つまり、人をつくれてしまうのである。

たとえばクローン技術でつくったクローンの方々を、どこかの無人島につれていき、そこで生活していただく。

そして、ときどきヘリでその無人島へ行き、クローンの方々の様子を見にいったり、火の起こし方などの知識を教えてあげる。

そして、「人のものを取っちゃだめだよ」「うそついちゃだめだよ」など、仲良く暮らすための、「愛と調和」の規範を教えてあげる。


その様子をクローンの方々の立場から見れば、どう目に映るだろうか？

もうおわかりだろう。

「天から自分たちに似た姿の存在が降りてきて、自分たちを創造した」といわれる。

そして、「驚くべき知識をいろいろと与えてくれる」となる。

すると、**クローンたちはその存在のことを、あとあとなんと呼ぶだろうか？**

これと同じことである。

これが、地球と他の惑星のやつら、異星人たちとの間で行われたわけである。

愛に満ちあふれた女神のエネルギー

女神とは、**女性的なエネルギーをもった霊的存在**たちのことである。

もちろん、地球や人々のサポートをしてくれている。

日本にも古来伝わる「木花咲耶姫《このはなさくやびめ》」や西洋の「聖母マリア」たちのことである。

実際には、この地球で女神と呼ばれている存在は、女性性をもった異星人である場合もある。


普段、俺が接している守護霊や異星人たちは、女性的なエネルギーではないので、この女神たちのエネルギーは、俺にとってはとてもわかりやすかった。

いままでに俺が、女神たちとコンタクトをとったのは、はっきり記憶に残っているのは2回である。

女神のエネルギーは、
ものすごくあたたかくって……
〝やつ〟とは大違い……
なんだって!?……
怒

まず、1回目は、俺が名古屋にいたころ。自分の部屋にいたときのことだった。

このときの俺はとある問題に直面していて、なかなかキビシー状況だった。

そんな俺の様子を、どうやら女神が見にきてくれたようだった。

女神のエネルギー体が俺の部屋に現れたとたんに、部屋のエネルギーが一変したのに驚いた。

この女神のエネルギーは、**ものすごくあたたかく、愛に満ちあふれたエネルギーだった。**

俺の守護霊とは大違いである！（なんつーって！　じょーだん！）

このエネルギーに触れたとき、目頭が熱くなり、ものすごくほっとした。

なんともいえない安心感に包まれた感じであった。

このときの霊的体験の特徴的なところは、俺が普通に起きているときに起こったということである。

いわゆる、あちらの世界での出来事ではなく、こちらの世界で起こったわけである。

そして、2回目の遭遇はというと、これがなんとまた電車の中であった。

先述の異星人たちと遭遇したときも電車の中だったことから考えると、**高速移動している電車の中は何か特別な空間なのだろうか？**

じつは最近の話である。

その日は、あなたがいま手にとり読んでいるこの本の依頼を、出版社の編集の方からいただいた日であった。

その面会の帰りの電車の中での出来事であった。

編集の方から出版に関していろいろ説明をしてもらい、出版を了解してしまったのはいいが、じつは、帰りの電車の中で、俺は「こりゃ、とんでもないことを引き受けてしまったな、マズくね？」と考えていたのだ。

本を書くこと自体は、じつはかなり以前から、俺の守護霊や異星人たちに頼まれていた。

だが、俺は音楽ばかりやっていて、なかなか本を書く作業をはじめられずにいた。

ところが、守護霊のやつがしつこいくらいに言ってくるので「うっせーなー、もうやるよ、書くから」と言って、しぶしぶ書きはじめた。

しかし、実際、書いてみると思った以上にキツかった。

俺の執筆は、そこで止まっていたのだった。

なので、俺は帰りの電車の中で、執筆を引き受けてしまったことをマズかったかな？　と、考えていたわけである。

そんなことを電車に揺られながら考えていたら、眠たくなってきた。

そして、もう少しで眠りそうだな……という意識状態のときに、それは起こった。

俺の座席の左後方から、複数の霊的な存在たちが近づいてきたのだ。

そうである。これが女神たちだったのである。

このとき、俺のところに来た女神たちは、中心的な女神が真ん中にいて、お付きの人のような存在が、女神の両サイドにひとりずついるような感じであった。

そして、真ん中の女神が、俺が**いままで聞いたこともないようなくらい、丁寧で美しく優しい言葉づかい**で、俺にこう言ってきた。

「どうか、あなたの知っていることを本に書いてください。よろしくお願いします」

そう言うと、本当に丁寧に深々とお辞儀までしてくれた。

その俺の想像をはるかに超えた女神の「丁寧さ」と、人のそれをはるかに超えた心のこもったあたたかい「お辞儀」に俺は、心底感動してしまっていた。

そのあまりの丁寧さと優しさに、「俺は生まれてこのかた、ここまで丁寧に接されたことはなかったな」と感じたくらいだった。

同じ霊的存在とくらべても、俺の守護霊とも大違いであった！（また言ってる）

この体験をして、俺は「これは真剣に取り組まないといけないな」と、素直にそう思えた。

これが、やはり女神のエネルギーなのだろう。

たしかに、**俺たちは「変わるべきとき」にいることは、世相を見ても明らかではある。**

それにしても、こんなにふざけたあほな俺に、そこまでお願いしてくるとは、「いま地球の状況ってそんなに切迫しているのか？　人手不足なのか？」とも感

ゴラアアアー！
まだ言うかーー！
怒
じょーだんです……
感謝してますって、ホント。
マジで。

じた。

この女神たちのような、大きな愛に満ちたあたたかなエネルギーの存在たちも、この地球やあなたを守護してくれているのである。

これをどうか知っておいていただきたい。

あなた、そしてこの世界は、守護霊、天使、異星人、妖精、龍神、女神たちなど、多くの霊的存在たちに守られ、愛されているのである。

あなたは、このような霊的側面をもつこの世界に存在し、暮らしていることを、どうかしっかりと覚えておいていただきたい。

5章

実相！「見えないもの」を見ようとする生き方

見えない存在たちと一緒につくる「Arcadia～理想郷」

いま、この地球が大きく変わろうとしていることを、あなたはご存じだろうか？

この先、地球が次の次元の段階にすすむためには、「地球を『愛と調和』の永続可能な世界」へと、進化させ変えていくことが大切となってくる。

「愛と調和」の永続可能な世界とは、見えない存在である守護霊たちと協力してつくりあげていく、霊的にも進化した世界のことである。

つまり、「Arcadia～理想郷」である。

そして、これまでにお伝えしてきた、**守護霊、天使、異星人、妖精、龍神、女神たちといった見えない存在た**

この地球を「愛と調和」の永続可能な世界へと進化させようぜ！
＊最後の章だしな。
そろそろ、本気出してきたか？

ちは、その変化の流れをサポートしてくれている。

そのため、最近では、見えない存在たちとコミュニケーションをとっている方や、シンクロニシティや、霊的な出来事を体験する方がどんどんと増えてきている。

実際、俺のブログでも、読者の方々から、いろいろなコメントをいただいている。シンクロニシティから天や宇宙の存在たちからのメッセージを受け取り解読して、実際の生活にいかしている方が増えてきている。

守護霊、天使、異星人、妖精、女神たちなどの存在が、多くの方々にとってより身近な存在となってきているわけである。

10年前とくらべてみても、あなたの身の周りでも、守護霊や天使、異星人などの存在に関心のある方が、かなり増えてきていると感じているはずである。

そして、この世界がこれから迎えようとしている大きな変化とは、**守護霊や天使、異星人、妖精、女神たちと、より親密な交流が行われる世界への変化**なのである。

つまり、これは江戸時代に鎖国をしていた日本が経験した「開国」と同じことである。

霊的そして宇宙的バージョンの「開国」なのである。

つまり、「地球開国」である。

「地球開国」とは、**守護霊や天使、妖精、女神、そして異星人たちと、いまよりもよりオープンに協力して、この地球を「愛と調和」の世界にしていくこと**である。

しかし、守護霊や異星人たちは、あくまでサポートであり、やつらがこの地球を「愛と調和」の世界にしてくれるわけではない。

この地球を「愛と調和」の世界にしていくには、もちろん俺たち地球人が中心となり自分たちの手で行っていくことが大切なのである。

もちろん、「理想郷」がすぐに出来上がるわけではない。

それは、さすがに無理である。

現在、**地球に存在するいくつもの課題を一つひとつクリアしていくことで、それは実現される**ものなのである。

つまり、地球を「愛と調和」の世界にしていくには、いくつもの工程が必要なのである。

「地球開国」のためには、
まずは、オレたちと
レッツ交流！

まずは、守護霊、天使、異星人、妖精、女神たちとの交流を多くの方々がはじめていくことである。

この「地球開国」が行われると、個人の生活も社会のあり方も大きく変わってくる。

たとえば、まず個人の生活では「地球開国」状態になると、守護霊、天使、異星人、妖精、女神たちからの、インスピレーションや霊的真実などの情報を受け取り、それを生活にいかす方が増えてくる。

すると、**生まれてくる前の霊的会議で決めてきた「自分の使命」にそった人生を送る方が増えてくる。**

なぜかというと、

「守護霊や天使、そして異星人たちが、ひらめきやシンクロを使って自分の使命を見つけ出すのをサポートしてくれている」

このことにあなたが気づくようになるからである。

「自分の使命」とは、「自分が本当にやりたい仕事」のことであり、あなたもその仕事を通じて、この地球を愛と調和の世界にしていくために生まれてきているのである。

「地球開国」で調和のとれた人生、調和のとれた社会になる

「地球開国」をして「愛と調和」の世界になっていくと、霊的真実を知る方が増えてくる。

すると、2章115ページの「老婆と若い娘のだまし絵」のところの例でお話ししたように、対人関係やさまざまな問題の解決がしやすくなる。

だから、**人と人とのいさかいも減っていく。**

夫婦や恋愛などにおいても「愛と調和」のとれた関係を築いていくことができるようになる。

まさに、調和のとれた世界に整っていくのである。

そして、社会のあり方も変わっていく。

いままでもそうであったが、社会に変化を起こす大きな発明や発見は、ほとんどの場合、守護霊たちや異星人たちなどの見えない存在たちが関係している。

発明や発見の多くは「ハプニング」により発見されたり、「夢の中でのヒント」をもらったりして発明されるケースが多いという話がある。

おそらくあなたも聞いたことがあるだろう。

この本をここまで読んでこられたあなたには、すでにおわかりであろうが、その「ハプニング」は守護霊たちが起こしている。

また、「夢の中でのヒント」とは、霊的会議のことなのである。

このように、**いままで守護霊たちは、この地球の技術の進化をも助けてくれていたのだ。**

そして「地球開国」をして、守護霊や異星人たちと協力関係が深まれば、さらに技術の進化は加速されていくわけである。

そうすると、異星人たちのテクノロジーなんかも地球にもたらされるようになる。

進化した異星人たちは、すでに自分たちの惑星で「愛と調和」の永続可能な社会を達成している。

やつらは他の惑星と共生して、環境を破壊することなく社会を発展させているのである。

そして、やつらはこのような永続可能な社会を実現するための技術を、すでにたくさんもっていて、その技術を地球人に伝えようとしているのである。

もちろん、やつらの伝え方は、その技術に地球人が自ら辿《たど》り着けるようにサポートをする、というやり方である。

地球の問題を、やつらが俺たちの代わりに解決してくれるわけではない。何度もお伝えしてきているが、地球の問題は俺たち地球人が中心となって、考え、努力しクリアしていかなければならないからである。

たとえば、4章でご紹介した井出治氏による技術で、地球環境をまったく損なうことなく空気中から無限に電気をつくり出すことができる「フリーエネルギー技術」というものがある。

これが普及すれば、安心、安全、しかも初期費用以外はタダで電気が使えるようになる。みんなが、この技術の普及を意識すれば、「地球開国」に伴い地球をそういった世界にもしていけるわけである。

このように、「地球開国」は**個人の人生においても、社会のあり方においても、大きなステキな変化をもたらす**わけである。

それでは、いったい何をどうすれば「地球開国」となるのだろうか？

黒船に乗ってペリーが日本にやってきたように、宇宙船に乗った守護霊とか異星人の誰それが地球へやってきて条約でも結べば「地球開国」となるのだろうか？

この「地球開国」においては、そのような感じではない。

この進化した異星人たちとの間で行われる「地球開国」は、やつらから一方的にやってくるのではない。

いままでお話ししてきた霊的覚醒の度合いに応じて進められていく。

つまり、この「地球開国」は、守護霊たちとの「霊会話」や「シンクロ」によって、**やつらの存在を各自で確認し、そして各自で交流をはじめていくこと**ですすめられていくのである。

もし、あなたが「地球開国」を望むのであれば、あなたの判断で自由に「地球開国」を決定して、各自で霊的覚醒をして、すすめていけばいいわけである。

ここでいうところの「地球開国」には、国とかの代表ではなく、俺たち一人ひとりの決定が尊重されているのである。

そして、その人数が一定数に達して、「地球開国」がある程度一般的になったときに、「地球開国」がなされたということになるのである。

あなたが「地球開国」に向けて、具体的にできることはじつはたくさんある。

それは、次のようなことである。

- シンクロを活用した生活
- 霊的視点を日常生活に取り入れた生活
- 守護霊、天使、異星人、妖精、女神たちなど、見えない霊的存在たちを意識した生活
- 「愛と調和」を意識した生活

つまり、いままでこの本でお話ししてきたことである。

あなたもこのような生活を送ることで、「地球維新」ともいえる、この地球の変化に大きく貢献できるのである。

そして、このような霊的な生き方をする人たちがどんどんと増えていくことで、

地球やこの世界の霊的な次元（周波数）が整っていく。

この地球が「愛と調和」の世界になってゆき「地球開国」も同時になされてゆくのである。

かつて、日本を大きく変えた幕末の志士たちにあこがれ、「明治維新のときに生まれたかった」という方がいる。

そんな方々には、これはかなりの朗報である。

いま、地球は明治維新のときよりも、さらに大きな変化である「地球維新」そして「地球開国」をしようとしているのである。

ぜひ、あなたもこの霊的な変化の流れに、たのしく参加してみていただきたい。

共に〝肩を並べて〟一緒にすすもう

「天は上下関係や頼る関係ではなく、地球のために、共に肩を並べて一緒に働く人たちを求めている」

あなたはこれを読んでどう感じるだろうか？

これから、この地球を「愛と調和」の世界にしていくために、守護霊、天使、異星人、妖精、女神たちと俺たちが、共に協力し合って歩んでいくことが、とても大切になってくる。

しかし、いままで考えられていたような、頼るだけの天や守護霊たちとの関係はすでに終わっている。

俺たちはすでに、**天のやつらと、新しい関係を築く時代の入り口にいる**のである。

俺たちは赤子として生まれ、はじめは親に何から何まで頼って生きていた。

しかし、だんだん成長すると親の手伝いをしたり、そのうち一緒に働いたりするようになる。

天は共に肩を並べて
一緒に働く人たちを
求めている

このことを考えてみればわかるように、もし俺たちがいつまでも天や守護霊たちに、頼っているだけだったら、それは地球人類が赤子の段階のままだということになる。

「俺たちもそろそろ、守護霊や天使、そして異星人たちの手伝いをしたり、一緒に働くようになったりしてもいいんじゃやね？」

と、そんな時期にいるわけである。

じつは、すでに人類は守護霊や異星人たちと協力して、共に地球を「愛と調和」の世界にするための仕事をできるくらいまでは成長しているのである。

ここでもう一度お伝えしよう。

「天は上下関係や頼る関係ではなく、地球のために、共に肩を並べて一緒に働く人たちを求めている」

どうだろうか。より深く理解していただけたことだろう。

天の守護霊や天使そして異星人たちは、地球や人類を本当の意味において守ることも、その仕事のひとつである。

そろそろ、俺たちも天と共に、地球や人類を守る側に立ちましょう。

これからは、「愛と調和」の世界へ向けて、**守護霊、天使、異星人、妖精、女神たちとお互いに協力することが大切なのである。**

そして、自分自身の人生や地球や人類そして動植物たちにとって、本当の意味でよい選択、そして行動をしていく、そういう意識であっていただきたい。

やつらは一方的に頼る存在ではなく、「共に協力し合う対等なパートナーである」、といった認識でいることが大切なのである。

部屋を整え、自分自身を整える「エネルギーの法則」

さて、これからお伝えすることは、この地球を「愛と調和」の世界にする上でも、とても重要な内容である。

自分自身のエネルギー（周波数）の状態が整うと霊的覚醒もすすみ、守護霊の声も聞こえやすくなる。

また、物事の考え方が明るくなり、元気になってくる。

この自分自身のエネルギーの状態を整えるために、知っておくと役立つ情報がある。

それは、**霊的視点からの「エネルギー」と「自分自身の聖地」**についてである。

ものにはすべて「固有のエネルギー」がある。

たとえば、音楽をイメージしていただきたい。

聴いただけで元気の出る曲もあれば、どこか寂しげな気分になる曲もある。

そして、ときには映画などで恐怖感や不安感を与える曲まである。

これは、その曲の発しているエネルギーを自分自身が受け入れることで、自分の身体や心に影響を与えているわけである。

曲にも、**それぞれ固有の性質のエネルギーがある**のだ。

そして、さらに同じ元気が出る曲でも、ちょっと元気が出る曲もあれば、とても元気が出る曲もある。
これは曲によって、**エネルギーの影響が大きいものと小さいものがある**ということ。
エネルギーの影響が大きい曲であれば、より寂しい気持ちになったり、より元気な気持ちになったりする。

つまり、曲によって、より大きく影響を受ける場合と、さほど影響を受けない場合があるわけである。

まとめると、音楽そして曲には、

◎それぞれ固有の性質のエネルギーがある
◎自分が受ける影響の大小がある

この2つがエネルギーに関する基本法則であり、「エネルギーの法則」となる。

じつは、このことは音楽や曲にかぎらず、俺たちの生活や人生において、とても大きく影響している。

なぜならこのエネルギーの法則は、ありとあらゆるものに当てはまり、じつは自分の「霊的周波数」にも影響しているからである。

そう、つまり「自分の部屋にあるものすべて」に当てはまるのだ。

本やポスター、家具、置物、小物、カーテン、チリやほこり、そして、ごみ、不要になったもの……などすべてのものに当てはまる。

そして、俺たちは毎日、自分の部屋で、それらのエネルギーの影響を受けて生活しているのである。

自分の部屋が、元気の出るエネルギーに満ちているかそうでないかは、**部屋にあるものなどのエネルギー状態、部屋全体の周波数でかなり決まる**のだ。

つまり、上手にものを配置することで、自分の部屋のエネルギーを、ものすごくよい状態にできるわけである。

エネルギー状態のよい部屋では、そこにいるだけで驚くほど、元気になり、心が落ち着き、心がクリアになる。

そして、人生に対する迷いもなくなり、すすむべき道もクリアになる。

このように**自分の部屋を「霊的なエネルギー・スポット」にしてしまうことができるのである。**

つまり、これが「自分自身の聖地」なのである。

この自分の部屋の聖地化は、ものすごく効果がある。

ヤバいくらいのパワーがある。

事実、俺が名古屋で暮らしていた部屋は、徹底的に部屋のものを厳選しエネルギー周波数を整えてみた。

すると、たとえるならば部屋が「UFO・宇宙船内部」のようなエネルギー周波数状態になっていた！

まさに「自分自身の聖地」であった。

友人も、長時間俺の部屋にいて外に出ると、明らかに空気の違いを感じていた。「Kの部屋から出るとなんだか違うなあ」とか、「やたら落ち着く部屋」などと言われていた。

それもそのはずである。

DVDやCDラックには、元気の出る映画や音楽、そして心休まる美しい音楽といったポジティブなエネルギーのものばかりであった。

本棚には、愛や勇気などがテーマのポジティブな本やマンガ、地球や宇宙をよくしていく異星人や宇宙情報関連の本ばかりと、こちらもポジティブだらけ。

また、ポスター、カーテン、カーペット、すべて自分が心地いいと感じるものを選んであった。

ワンルームだったので、広さや部屋の構造には制限はあったが、ほとんど妥協はなく、ベストが尽くされた部屋であった。

しかも、自分にとって、**ポジティブな影響が大きいものが厳選されていた。**

そして、もののエネルギーを整えるため、**きっちり整理整頓して、掃除もしっかりしてあった。**

部屋を「聖地化」することで、自分のエネルギーを整え、高め、元気にしてくれるポジティブな場所にすることができるわけである。

ぜひ、あなたも自分の部屋を「聖地化」してみていただきたい。

自分が出したものが返ってくる「エネルギー反射の法則」

もの自体にも、パワーやエネルギーはある。

だが、ものからエネルギーの影響を受けるということは、**じつは、主に自分が出したエネルギーが反射され返ってきたものを受けている**のである。

自分がそのものに対して出したエネルギーは、反射して自分に返ってくる。

エネルギーは反射する、ということである。

もう少しくわしくいうと、実際は「反射」と「共鳴」に近い現象なのだが、反射のほうがイメージしやすいので、ここでは反射という表現を使って解説をすすめていこう。

それでは、俺の体験からお話ししよう。

ある日、渋谷を歩いていると、俺はとんでもないことに出くわした。

それは、なんとあの「ザック・ワイルド」と遭遇したのだ！

ザック・ワイルドとは、アメリカ屈指のスーパー・ギタリストで、これがまたものすごいパワーの人物なのである。

ザック・ワイルドはこの地球上でも、かなりデカイエネルギーを発することができる人物のひとりである。

誰？
すごい人なん？
俺の守護霊なんだから知ってるだろ。
いつも一緒に動画見てんだろーが！
マジかああ!!
ザック・ワイルド
じゃねーか！

ギター1本で多くの観客を熱狂させるすごいエネルギーである。

ぜひ、ネットで動画を見ていただきたい。


しかし、この超世界レベルのギタリストに、もしかりにあなたが街で遭遇したとしたら、あなたはどう感じるだろうか?

A「おおおおっ! スゲー! マジかああ!!」
B「まあすごいとは思う」
C「ん? べつになんとも」

当然のことながら、反応は人によってさまざまである。

しかし、じつはここが重要なポイントである!

同じものを見たのであっても、反応は人それぞれとなる。

これは、**同じものを見ても、受けるエネルギーの影響の大小が人によって違う**ということである。

つまり、今回の例では、ザック・ワイルドから、

A「とてつもなく大きく影響を受けてしまう人」
B「ある程度、影響を受ける人」
C「まったく影響を受けない人」

に、分かれるということである。

今度は、この対象を「守護霊・天使」にしてみよう。

「守護霊・天使」から、

A「とてつもなく大きく影響を受けてしまう人」
B「ある程度、影響を受ける人」
C「まったく影響を受けない人」

次も考えてみよう。

実際には「悪魔・悪霊」は存在しない。

しかし、自分のエネルギーの反射なので、**存在しないものから影響を受けること**

も可能なので、対象を「悪魔・悪霊」にしてみると、
「(存在しないが) 悪魔・悪霊」から、
A「とてつもなく大きく影響を受けてしまう人」
B「ある程度、影響を受ける人」
C「まったく影響を受けない人」

どうだろうか? ことの重要さがイメージできたことだろう。


ついでなので「悪魔・悪霊」についてもう少し解説しておこう。

2章でもお伝えしたが、いわゆる「悪魔・悪霊」は存在しない。

表面的な霊視だと「悪霊」や「悪魔」に見えるかもしれない。

しかし、ちゃんとその存在の奥の奥まで霊視すればわかることだが、その実体は主に周波数が整っていない身体を去った普通の人の霊体や意識エネルギーなのである。

やつらの存在の奥の奥まで、きちんと霊視すると、実際は「やつらの存在も光で

できている」のである。これが本当のところである。

一方、**守護霊・天使から大きく影響を受ければ、周波数は整いエネルギーも元気になる。**

それに、守護霊・天使からまったく影響を受けないのであれば、もったいないことである。

逆に、よろしくないエネルギーの影響ばかり受けてしまうのは、残念なことである。

このことを踏まえて、もう一度、俺が渋谷でザック・ワイルドに会ったときのことに話を戻そう。

「おおおっ！　ザックだ!!!」と、俺がハイテンションになっているのに、横を歩く人はチラッとザックを見たものの、そのままスタスタと行ってしまった。

俺からしてみれば、「ザックだよ?　なんでそのまま通り過ぎちゃうわけ?」である。

つまり、その人たちはまったくザックから、影響を受けていないのである。

一方、俺はというと、もうテンション上がりっぱなしで元気になるし、その日一日超ラッキーであった。

家に帰るとすぐにギターで、ザックの曲を弾いてしまった有様であった。

この影響の大小の差は、いったいどうして起こるのか?
この影響の大小は、じつは、**自分が出したエネルギーの量で決まる**のである。
俺はザックとの遭遇という出来事に対して、「ザックかっけー! ザックスゲー!」と、**ポジティブなエネルギーをザックにぶつけまくった。**
じつは、そのエネルギーが反射して自分に返ってきて、その結果として俺自身がさらに元気になったわけである。

自分が出したエネルギーが大きいと、そこから受ける影響も大きくなるわけである。

つまり、何事においても、**好きだという気持ちが大きいほど、ポジティブな影響を大きく受け、元気になる。**

もちろん、その逆もある。

嫌いという気持ちが大きいほど、ネガティブな影響を大きく受け、萎える。

このエネルギーの作用を知っておくと、いろいろな場面で役立つ。

自分が嫌いなものをしっかりと知ることはとても大切である。

しかし、嫌いなものに対して自分が、**ネガティブな想《おも》いやエネルギーをたくさんぶつけてしまうと反射して返ってくる**ので、大きく影響を受けてしまう。

ところが、「ああ、俺はそれ大っ嫌いだよ！」と普通に言ったとしても、**エネルギーをぶつけなければ、反射して返ってこないので、影響も受けない**わけである。

これが「エネルギー反射の法則」である。

そして、これは自分の部屋の「聖地化」にも、応用できる。

「自分にとって、ポジティブな影響大のものを厳選して置く」を、実行して「聖地化」する。

そして、そのものたちや部屋自体を、大切に扱いどんどん好きになれば、好きになった分だけ、ポジティブな影響を受け元気になるというわけである。

この「エネルギー反射の法則」を使って、よりよい人生にしていっていただきたい。

光を放つ「祈りのエネルギー」

「祈り」とはエネルギーであり、実際にパワーがあり実在する。

ここでいう祈りとは、エゴや個人的な欲からくる祈りではなく、「愛と調和」によってなされる祈りについてである。

この祈りの正体とは、いったいなんだろうか？

じつは、この**真実の祈りの正体とは、「光」**なのである。

俺は、これを一度霊視状態で実際に見たことがある。


それは、俺の友人Mが焼香をしていたときだった。

その友人Mは何かをやるときには、いつも「ものすごく真剣」にやるやつで、自分のすべきことに、ものすごく真剣に心を込める。

やはり友人Mは、誰よりも明らかに真剣そのものだった。

故人のことを想い、真剣に焼香していた。

そんな友人Mを見ていたそのとき、驚くべきことが起こったのだ！


なんと！　その**友人Mの額のあたりから、ものすごくまばゆく美しい「光」が、パ――――ッと放たれていた**のだ。俺は驚きながらも、深く感動してしまった。

「ああ、これは故人もきっと喜んでいるな……」と、俺は感じた。

霊視状態とはいえ、実際の俺の目で、この「祈りの光」を見たわけだが、この世では見たことのないほどの、美しい光だった。

みんながこの美しい祈りの光をいっせいに放ったら、地球はすぐにでもすばらしく変わってしまうだろう。

俺たち人間には本当は、美しい祈りの光を放つことができるのである。

そう、あなたも真剣に思いっきり心を込めて祈れば、あなたの額からも美しい光が放たれるのである。

ちなみに、**この「光」は、祈りをしていないときにも出る。**

実際に俺も体験したことがあるが、普通に人と話しているときでも、額から光が出ることもある。

知人のおっさんが、「Kさん、どうしたんですか！　額から光が出てますよ！」と、知らせてくれたことがある。

この知人は、ちょっとだけ霊的な能力が開けているおっさんだった。

このとき、俺は、本気で地球をよくしようと行動していたころだった。

当時、俺は大学で働いていたのだが、アクリルの毛糸を買ってきて「合成洗剤を使わなくてもキレイに食器が洗える、地球環境に優しいアクリルたわし」を編んでいた。

このロッカーの俺がである。

そして、学生たちに編み方を教えてあげて、一緒に編んでいた。

毎日つくっていたので、俺ひとりでも1500個以上編んだ。

一つひとつ「地球がよくなりますように」と、心を込めて編んでいた。

それを学内の職員の方々や学生さんたちに配っていた。

そんなことを真剣にやっていたので、俺の額から光が出てしまったのだろう。

つまり、祈っているときでなくても、**「愛と調和」の状態で、真剣に心を込めていると、額から光が放たれる**といったケースもあるわけである。


話を友人Mの焼香に戻すが、このとき、他の多くの方々も焼香をしていた。

たまたま、俺に見えたのは、友人Mの「祈りの光」だけだったが、すべての方から光は出ていたのだろう。

しかし、友人Mのときだけは、群を抜いて光が明るかったのだろう。

それで、俺は見ることができたわけである。


この友人Mは、霊的な感性に関しては、まったく普通の人である。

では、どうしてこうなったのか？

それは、やはり友人Mが、日頃から真剣に心を込めているやつだからである。

日頃から、真剣に心を込めていると、いざ祈るときにも、より心がこもる。

これが大切なのである。

先ほどもお話ししたが、「自分が受け取るものは、自分が出したエネルギー」なので、日頃から「愛と調和」の意識で、心を込めて生活をして、いいエネルギーを出していると、人生がよい流れにもなってくる。

また、あなたが「愛と調和」のもとに祈るとき、真剣に心を込めて集中する。するとあなたの霊的周波数が美しく整う。だから、たとえば、世界の平和を祈るなど、そういう祈りの時間をもつことは、あなた自身にとっても、とてもよいことなのである。

そして「愛と調和」のもとに、**心を込めて祈りの意識でしたことは祈りと同じ状態になる。**

先ほどのアクリルたわしを編むことも、じつは祈りなのである。

日頃から、**祈りの意識で仕事や生活をするのもいい。**楽器、スポーツ、料理などといった趣味であっても、祈りの意識でするのはおすすめである。

俺も、「3・11」の日や、特別な日には、地球がよりよくなっていくようにと、祈りとともに心を込めてピアノを弾いた。

あなたも、ぜひ、いろいろな「祈り」を見つけていただきたい。


祈りには確実にパワーがある。

しかし、**自分自身の現実を動かしたい場合には、やはり大切となってくるのは「努力」や「行動」**である。

たとえば、あなたが受験をするとき、毎日3時間祈っていたら、まず合格できなくなってしまうだろう。

量より質で、真剣な祈りと最大限の努力と行動、これを組み合わせていくのがよいわけである。


やはり基本的に祈りとは他者のしあわせだったり、世界全体の平和であったり、自分では直接的に手の届かないような対象に対して行うといい。

そのときに、祈りはその力を一番発揮してくれるのである。

見えないものを見ようとしよう

この地球を「愛と調和」の永続可能な世界にしていくためには、やはり一人ひとりの「地球をよくしていこうという意識」が大切となってくる。

ここで、大切になってくるのが、「見えないところを見ようとする視点」である。

じつは、この**「見えないところを見ようとする視点」をもつことで、人の行動は180度変わってくる。**

ぜひ、このことを知っておいていただきたい。

それでは、俺の見てきたエピソードをもとに、これを解説しよう。

これは、俺が学生のころの話である。

俺は外国語系の大学だったこともあり、校内には女子学生がかなり多かった。

昼のランチの時間には、学食は学生でいっぱいになる。

そんな学食で頻繁に目にする光景があった。

あくまで一部の女子学生だが、**ランチプレートの上に残っている食べ物を平気で大量に捨てている光景**であった。

お腹《なか》いっぱいなのか？

それとも、ダイエットなのか？

俺はその光景を目にするのが、毎回ショックだった。

その女子学生たちは友人たちと会話しながら、笑って平気で食べ物を捨てていた。

つくってくださっているおばさんたちにもわりーし、それ以前に、なんというか……まあ、ショックだった。

そして、それと同時にその光景を見るたびに、考えていたことがあった。

「こいつらも、もし目の前に、飢餓で苦しむ子どもたちがいたら、絶対にこの食べ物を捨てないだろうな」「絶対に別の選択をするだろうな」

要するに、**飢餓で苦しむ子どもたちが、見えないから平気で捨てているし、見えないから気にもしていない**わけである。

しかし、もしも実際に苦しむ子どもたちが目の前にいたら、そいつらも食べ物を捨てないはずである。

「これはいけない！」と、意識が変わり、なるべく残さず食べるようになったり、もしくは友達と分け合ったりするようになるはずである。

つまり、「捨てる」以外の選択をするやつも、絶対に出てくるわけである。

このように「見えないところを見ようとする視点」をもつことで、人はまったく別の選択肢を選び、行動を１８０度変えることができるわけである。

だからこそ、この「見えないところを見ようとする視点」を、大切にしていただきたい。

実際、このように目には見えなくても、地球のウラ側にいる飢餓で苦しむ子どもたちのことを、「イメージして見ようとする」ことは、とても大切な思いやりである。

そういった**見えない相手を理解しようという思いやりの気持ちをもちつづけていると、だんだんと、見えないものが見えるようになってくる。**

じつは、それが霊視やテレパシーなのである。

日本では、年間約1700万トン[※1]の食べ物が捨てられている。

このうち、食べられるのに捨てられている食料は、年間約500万〜800万トン。全世界の食料の援助量約400万トンの2倍近い量の食べ物を日本は捨てている……これが現状である。

そして世界では4秒[※2]に1人が飢餓でなくなっている。

もし日本で捨てている食べ物が彼らの口に届けば、どれだけ多くの人たちが救われることだろうか。

（※1）平成25年度国政モニター（内閣府大臣官房政府広報室）での農林水産省の回答による

（※2）国連食糧農業機関の統計（2008年）

あの世で行われる、自分がしてきたこととの「答え合わせ」

「見えないところを見ようとする視点」で、知っておいていただきたいことがある。それは、「人はこの世での生活を終えて、この地上を去るときどうなるのか」ということだ。

このあたりの情報は、元福島大学教授の飯田史彦氏の『[完全版]生きがいの創造』(PHP研究所)にくわしく書かれている。

まずは自分の肉体からはなれて、霊体の存在になる。

そして地上をはなれて、霊的世界へと還《かえ》っていく。

その後、「霊的な光る存在たち」と向き合い、いままで生きてきた人生を見せられる。自分の人生が、どんな人生だったのかを、すべて見るわけである。

しかし、そのとき単に映画のように自分の人生を見るのではない。

たとえば、誰かを傷つけてしまった場合、その相手が感じたショックが、自分の中に流れ込んでくる。

つまり、**自分のした行為がどういう意味があったのかがわかるように見せられる**わけである。

『[完全版]生きがいの創造』に次のようなことが書かれていた。

退行催眠でベトナム戦争のときの兵士だった被験者が、この世を去り「光の存在たち」と会い、これまでの自分の人生と向き合った。

戦争などで人を殺した場合にも、やはり、それがどれだけひどい行為なのか理解できるように見せられる。

この被験者は「自分が直接に手を下したわけではなくても、自分が輸送した武器によって多くのベトナム人が殺される光景や、父親が殺されたと知って泣き叫ぶ子どもたちの姿」を、徹底的に光の存在たちから見せられたのだ。

そして、この男性は猛烈に反省をうながされたとのことである。

このことを本当にしっかり理解していただきたい。

自分が殺したわけではなくても、武器を運んだだけでも、実際は霊的な世界へ還るときにはその責任を思い知らされるのである。

戦争にはどんな形であれ、賛成や荷担をしてはマズイということである。

人生は死ねば終わりではない。

その後もつづく。**あの世で自分のしてきたことと向き合わされるのだ。**

しっかり、よりよい選択をしていくことが大切である。

いまの社会は、経済優先で安全や安心そして思いやりは、二の次になってしまっている。

俺がいままでしてきた、
「あんなこと」や「こんなこと」
を見せられるのか？
ヤベー!!
高２夏休みに出た数学の
宿題をまだ出して
いないこととかな

原発では作業員の賃金はピンハネされ、通常時でも作業員を被曝《ひばく》させて維持されている。

そして、めんどうな放射性廃棄物の処理問題は子孫におしつけている。

労働者たちの被曝や、子孫にツケがたまっていく姿がイメージできるだろうか？

俺たち日本の選択が、戦争や武器輸出につながり、そしてその武器で父親が殺され、それを知り泣き叫ぶ子どもの姿がイメージできるだろうか？

学食のあの女子学生たちのように、その子どもたちの姿が「見えないから平気」「見えないから気にもしていない」は、霊的世界ではすまされない。

そこは本当にシビアである。

それがイメージできた上で、どう選択するのか？

より愛のある選択ができたかどうか？

この世を去ったときに、光る存在たちに問われるのは「そこ」なのだ。

この項目で書いていることは、ちょっとキビシイ内容かもしれない。

しかし、この世を去ったあとに、光る存在たちからつきつけられるより、いま生きている間に知っておいたほうがよいだろう。

なぜなら、この世を去ったあとに、そこに気づいて光の存在の前で号泣しても、もう遅いが、まだ生きている以上は、**いくらでも「愛と調和」に満ちた別の選択をすることもできる**からである。

予言、未来、そしてあなたの人生を変える方法

世の中には、予言というものがある。
最近でもときどきテレビや雑誌、ネットで話題にのぼっている。
予言は本当に起こるのだろうか？
未来は変えられるのだろうか？
結論からいってしまうと、もちろん「未来は変えられる」のである。
もう少しくわしくいうと、じつは、未来は決まっていない。

未来は、あなたの選択と行動で変えられる。

ただ、何も行動を起こさない場合は、予言どおりになってしまう。

予言というものは、「このまま何もしないと、そうなりますよ」というものである。

たとえば、ある人が道を歩いている。

しかし、その先には落とし穴がある。

ところが、その人はそれを知らずに、落とし穴に向かって歩きつづけている。

その先は落とし穴だと知っている人が、「その先は危険だよ、落とし穴だよ」「(このまま行くと)落ちるよ」と伝える。

これが、予言なのである。

なので、そのまま無視して歩きつづければ、もちろん穴に落ちる。

つまり、予言どおりになる。

しかし、「ああ、そうなんだ。それは危ない」と、その忠告に耳を傾け「では別の道を行こう」と**別の選択をして行動すれば、当然、落とし穴には落ちない。**

つまり、予言どおりのことは起こらない。

それがたとえ天災の予言であっても、人災の予言であっても、その予言や忠告に耳を傾けて対策をすることで、結果や未来がまったく違ってくる。

このように、**選択と行動を変えることで予言どおりではなく、未来を変えられるのである。**

未来は変えられる。

一人ひとりの選択と行動が変わり、多くの人が変われば、必ず未来は変わっていく。

もちろん、これはあなたの人生においても同じである。

ウルトラ・ソウル
そのまま行くと、
いいことがあるよ！

いま現在のあなた自身の選択と行動により、あなたの未来はつくられている。

このいまという、一瞬一瞬の選択による行動が、あなたの未来をつくっているのである。

もしも、**自分の未来を大きく変えたいのであれば、いまを大きく変えることでそれは可能となる。**

そして、自分を大きく変えたい成長させたい、という想いがあれば、守護霊、天使、異星人、妖精、女神たちからシンクロなどによって、必ずサポートされていく。

まずは、何事もあなたの気持ちからはじまる。

そして、それを行動に移していっていただきたい。

俺もあなたもこの地球の仲間として、俺と共によりよい選択と行動をして、よりよい地球の未来をつくってゆきましょう！

この地球を「愛と調和」の世界に、「Arcadia～理想郷」へ近づけてゆきましょう！

それではみなさん、たのしく俺と共に前進してゆきましょう!

エピローグ　霊的世界へようこそ！

愛のままに、ありのままに、守護霊《ぼく》は君だけを傷つけない

さあ！　いかがだったでしょうか？　霊的覚醒の世界は。

こわいですね！　こわいですね！　こわいですね！

↑古っ！

いやあ～～ホントに！　こわくないですね！……っていったいどっちなんでしょうね！　いずれにしましてもお～お、

Kのお～、Kのお～、Kのお～、

ライブGYMへえ～……いやいや……「霊的世界へようこそっ！」。は……はは

は……。

↑わからない方はB'zファンの方に聞いてみよう！

え〜コホン！
と、いうわけで、みなさんもこの本を読んで、守護霊たちがどういう存在かが、とてもよくおわかりになられたことかと思います。
守護霊とはホント「愛」そのもの、つまり、もう「LOVE PHANTOM」としか言いようがないですね！　いらな〜い！　な〜にもぉ！

↑ここで歌うのかよ！

それに、いままでは、驚愕《きょうがく》の不思議体験に関しては、
「モルダーあなた、疲れているのよ……」

↑Xーファイルかよ！

と、錯覚や気のせいだと思っていた方も、モルダーが疲れていたわけではなく、じつは現実に起こっている出来事だったということもおわかりいただけたことかと思います。
まあ、あれですね。俺のようなワルなやつが、こんな本を書いてしまったわけです。
正直、高校時代や若いころはよろしくないこともたくさんしてしまいました！

たとえるならば、「夜の校～舎の窓ガラ～スを、直してまわっちゃったみたいな！」

と、いったようなびみょ～な性格ではありましたが、この文章からも見てとれるように、それ以前に、そーとーのあほでした。

こんな、ワルであほな俺、Kですら霊的覚醒できますし、守護霊たちはけっして見捨てませんので、どうぞご安心ください。

あなたは守護霊たちにとても大切にされているのです。

もうひとりのKと、多くの方々によって

今回、本を執筆して、ホントにたくさんのことを学びました。

1冊の本が出来上がるまでには多くの方々の協力が必要です。

編集者さん、営業さんなど出版社の方々。イラストレーターの土屋和泉氏、校正者さん、印刷所の方々、流通の方々、販売店の方々。

そして、俺の家族、友人や後輩たち、俺の先祖、守護霊、天使、異星人、妖精、女神、龍神たち。

また、俺のブログの読者の方々、さらには、いまこの本を手にとり読んでくださっている、あなたもそうです。

このような多くの方々に支えられて、初めて1冊の本が出来上がるのです。

そして、俺の担当編集者さんは金子尚美氏です。

とくに本をつくる過程においては、編集者さんの存在がとても大きいのだなと、俺は心底驚きました。

それまでは、まさか！　1冊の本が……

「編集さんに鞭《むち》を振るわれ、著者はひえ〜〜ひええ〜〜と泣き叫びながら、そして、ときにはクリティカルヒットを浴び、吐血しながら本を書いていた……」

だなんて思いもよりませんでした（え？　俺だけ？　俺だけなの？　金子氏？）。

まさに、驚愕のあなたの知らない世界でありました。

と、こんな感じで、とてもお世話になりながらも、こんな無礼極まりない態度の俺をあたたかく見守り、励ましてくれた金子尚美氏は、じつは、まるで女神のような方なのだと思います（金子氏！　ど？　これでオッケ？　ど？）。

この一連の文章をお読みになられれば、俺を担当する編集者の金子尚美氏が、いかに、大変だったのかが、深くご理解いただけたことかと思います。

しかしながら、この俺の「推しメン」である金子尚美氏のイニシャルは、必然的にも、なんと！　俺のコードネームと同じKだったのです。

だから、俺はいつも心の中でこの本をつくるための編集者さんとして、最高のパートナーである金子尚美氏のことを「もうひとりのK」と呼んでいました。

この「もうひとりのK」である金子尚美氏がいてくれたからこそ、そして、みなさんがいてくれたからこそ、この本はあるのです。俺はそう思っている。

この本を、いま、手にとってくれている、あなたへ捧《ささ》げます。

みなさん、本当にどうもありがとう。

センキュ　ベイベ！

「K」

参考文献

『ユング心理学辞典』アンドリュー・サミュエルズ、バーニー・ショーター、フレッド・プラウト著／創元社
『天使の本』鏡リュウジ、渡辺慎一郎著／ごま書房
『タオ心理学』ジーン・シノダ・ボーレン著／春秋社
『妖精を呼ぶ本』姫乃宮亜美著／サンマーク出版
『すべては宇宙の采配』木村秋則著／東邦出版
『[完全版] 生きがいの創造』飯田史彦著／PHP研究所
『フリーエネルギー、UFO、第3起電力で世界は大激変する』井出治著、船井幸雄序文・解説・推薦／ヒカルランド

単行本　二〇一四年十一月　サンマーク出版刊

サンマーク文庫

読むだけで「見えない世界」とつながる本

2019年12月10日　初版印刷
2019年12月15日　初版発行

著者　K
発行人　植木宣隆
発行所　株式会社サンマーク出版
東京都新宿区高田馬場2-16-11
電話 03-5272-3166

フォーマットデザイン　重原 隆
本文DTP　山中 央
印刷・製本　株式会社暁印刷

ISBN978-4-7631-6116-1　C0130

ホームページ　https://www.sunmark.co.jp

サンマーク文庫 好評既刊